AF372035

EL VUELO DEL ÁGUILA

EDITORIAL CÁNTICO

COLECCIÓN · LA FLORESTA

COLECCIÓN DIRIGIDA POR RAÚL ALONSO

cantico.es · @canticoed

© Léo Artese, 2024
© Editorial Almuzara S. L., 2024
Editorial Cántico
Parque Logístico de Córdoba
Carretera de Palma del Río, km. 4
14005 Córdoba
© de la traducción: Pedro Luis García Sánchez, 2024
© Fotografía de autor: Tati Wexler, 2024
© Diseño de cubierta: Dani Vera asistido por IA, 2024

ISBN: 978-84-19387-29-5
Depósito legal: CO 1932-2022

Impresión y encuadernación:
Imprenta Luque S.L.

LÉO ARTESE

EL VUELO DEL ÁGUILA

UN VIAJE DE SANACIÓN A TRAVÉS
DE LA MAGIA DEL CHAMANISMO

EDITORIAL CÁNTICO

COLECCIÓN LA FLORESTA

SOBRE EL AUTOR

Léo Artese es estudioso y practicante de chamanismo desde más de tres décadas. Promueve jornadas, vivencias y talleres de práctica chamánica en Brasil y otros países. Es el precursor del movimiento Xamanismo Universal, que busca rescatar los saberes indígenas tradicionales, sobre todo en lo referente al uso de las plantas sagradas como vehículo para la cura física y espiritual.

Se integran en su movimiento el chamán Mateo Arévalo, nativo Shipibo, líder de la comunidad de San Francisco de Pucallpa, en Perú y Agustín, curandero y estudioso del cactus San Pedro, quien conduce experiencias chamánicas en la floresta peruana. Está asesorado por el chamán norteamericano "Coyote en Pie" en las ceremonias de la Tienda de Sudor y Cachimbo Sagrado, habiendo recibido las bendiciones y siendo reconocido como "Nuevo Guerrero" y legítimo representante brasileño de esas ceremonias. Es fundador y director del Centro de Estudios de Chamanismo Vuelo del Águila y del Centro Ecléctico de la Fluente Luz Universal Céu da Lua Cheia.

Contacto www.xamanismo.com.br

AGRADECIMIENTOS

Agradezco a mis padres, Leo Albuquerque Artése y Nair Botossi Artése, por el esfuerzo de criarme y por creer en mi vuelo. A mí querida hermana Neusa por ser mi fan. A mis hermanos de la Asociación *Lua Cheia* y también a los hermanos del *Centro Ecléctico Fluente Luz Universal Lua Cheia* por el incentivo y la confianza.

No puedo olvidarme de mi amigo Otavio Leal, que propició mi contacto con el público.

RECORDAÇÕES
(Hino canalizado)

Trago comigo profundas recordações,
Doces lembranças que chegam com tanto amor,
E as tristezas que tive foram dores e ensinos
Que me levaram a transformações.

Nesta escola da vida eu aprendi
A avaliar meus talentos e imperfeições
E a tornar leve a vida, cicatrizar as feridas
E sempre reconhecer meu valor

Minha missão para sempre eu vou seguir,
Com Deus eu sigo contente o meu viver.
Vou com Fé no meu destino, firmo, sigo meu caminho
E com a força do amor vou vencer.

RECUERDOS
(Canto sagrado canalizado)

Traigo conmigo profundos recuerdos,
dulces memorias que llegan con tanto amor,
y las penas que pasé fueron dolores y enseñanzas
que me condujeron a transformaciones.

En esta escuela de la vida aprendí
a dar valor a mis talentos e imperfecciones
y a volver liviana la vida, cicatrizar mis heridas
y siempre reconocer mi valor.

Mi misión para siempre voy a seguir,
con Dios sigo mi vivir contento.
Voy con Fe a mi destino, me firmo, sigo mi camino
y con la fuerza del amor voy a vencer.

NOTA DEL AUTOR
A LA TERCERA EDICIÓN

Han pasado ya casi tres décadas desde el lanzamiento de este libro, en 1996. Mientras escribo estas palabras al respecto de las actualizaciones realizadas en esta tercera edición, me vienen a la memoria algunos sucesos acontecidos durante este periodo. Asistimos a la aurora de un nuevo siglo y un nuevo milenio. La tecnología ha evolucionado a pasos agigantados y ha pasado a dominar nuestra vida. El mundo ha atravesado una pandemia a nivel global. Desafíos y decepciones han surgido en el camino, estimulando nuevas conquistas y el acceso a otras dimensiones. El tiempo tiñó de blanco mis cabellos, dándome también nuevas enseñanzas y una percepción diferente respecto a la vida, la espiritualidad y la Madre Tierra. La rueda del tiempo giró, transformando mi amor por el chamanismo.

Existe una danza en las estaciones, dado que cuando es verano en el hemisferio Sur es invierno en el Norte. Las estaciones del año se alternan y, respetando esa lógica, nosotros debemos caminar en la rueda de la vida de acuerdo con las condiciones ambientales de cada hemisferio. Destaco esto porque en las anteriores dos ediciones de este libro, la rueda medicinal tenía al hemisferio norte como referencia, pero a partir de 2003, comencé a hacer girar a esta rueda de acuerdo con la realidad del hemisferio en que vivimos. Pude comprender entonces, que caminar de conformidad con las estaciones del año es una de las llaves para andar en equilibrio en la Madre Tierra. De acuerdo con esto, he realizado una importante actualización en esta nueva edición, en la que la rueda medicinal pasa a tener al hemisferio Sur como referencia. De este modo, mientras que anteriormente aquí teníamos un Norte para "nortear", ahora tenemos un Sur para "surear".

Amor, Paz y Luz.

PREFACIO

EL NUEVO CHAMANISMO

Uno de los aspectos más determinantes del siglo XX fue la creciente desilusión hacia las perspectivas de realización y crecimiento personal que ofrecía la moderna civilización tecnológica. En unas pocas décadas, el hombre parecía haber conseguido trascender casi todos los límites que le habían constreñido desde milenios. La electricidad, el motor de explosión, la electrónica y la energía nuclear nos ofrecieron capacidades que, hasta entonces, parecían atributos restringidos a los dioses. Mediante el cultivo de la razón científica, el hombre restó valor al encanto de la naturaleza y se consideró maestro a sí mismo. Pero sus conquistas fueron parciales, dado que nunca consiguió dominar el misterio de la muerte, logrando únicamente postergar las enfermedades y el deterioro físico de la vejez. Dejando intactas las principales fuentes de sus inquietudes existenciales, las proezas tecnológicas de la humanidad han hecho poco para elevar su porcentaje de felicidad. Sus éxitos parecen haber servido poco más que para agudizar su apetito hacia nuevas conquistas, en un bucle sin fin, dentro del cual las perspectivas de satisfacción se vuelven cada vez más una quimera.

Habiendo perdido la antigua percepción de conexión con el medio que le rodea, el hombre ha perdido también la noción de quién realmente es. La adopción del individualismo egocéntrico se encuentra verdaderamente exacerbado en la actualidad, siendo una de las maneras mediante las cuales intenta rellenar su vacío. Pero esto resulta igualmente frustrante y hasta los ideales de amor romántico y de la familia nuclear como fuente suprema de realización personal, parecen cada vez más inalcanzables. Hoy día una de las mayores fuentes de sufrimiento es el vacío existencial, experimentado en forma de crisis de identidad, de un sentimiento de no saber quién somos o cuál es el sentido de la vida.

Así todos, individuos de naciones enteras, se enfrentan con la inseguridad y el desencanto de la vida moderna. El modo de lidiar con esta situación varía de acuerdo con las circunstancias y las personas afectadas. Algunos, más bien acomodados, intentan apaciguar sus angustias a través de diferentes modalidades de consumo. Otros, en situaciones económicas o políticas más complicadas, niegan las conquistas de la razón y de los valores humanistas y democráticos que los acompañan, e intentan revertir el cuadro sociocultural hacia condiciones primitivas de cohesión grupal, no rehusando a emplear métodos de gran violencia. Las barbaries nazis o de limpieza étnica son apenas algunos de los ejemplos más extremos de brutalidad física perpetrados bajo la afirmación de identidades raciales o culturales.

Incluso entre los más afortunados se manifiestan estas tendencias de forma un tanto sutil, aunque igualmente peligrosa, como los grupos religiosos o espirituales que proclaman verdades únicas pertenecientes a determinadas tradiciones, que se tienen a sí mismas como "puras", despreciando a otras a las que consideran sincréticas, mestizas o perversas. Ignoran así la naturaleza dinámica de toda cultura, que hace inútil cualquier intento de preservar, congelar o retomar tradiciones antiguas, como si el discurrir del tiempo no hubiera acontecido y alterado de forma inevitable el contexto general y el significado de cada uno de sus componentes.

En su ansia por encontrar formas de suplir esas profundas carencias, resurge en regiones más desarrolladas tecnológicamente, un interés hacia las formas ancestrales de relación con el cosmos, buscando en un pasado idealizado, formas para que el ser humano se sienta emocionalmente unido a sus semejantes y su entorno. Entre esas técnicas arcaicas de éxtasis sobresale el chamanismo, probablemente la primera manifestación de la búsqueda espiritual humana, cuyos rastros remanentes pueden encontrarse todavía hoy en casi todas las regiones.

En tiempos remotos, los seres humanos, en situación de total fragilidad frente a las fuerzas de la naturaleza y con miedo hacia sus propios semejantes, dado que cada comunidad vivía en permanente estado de guerra con los pueblos vecinos, recurría a los servicios de ciertos sujetos para aliviar su inseguridad y dar un sentido al caos de sus vidas. En una época en la que la supervivencia dependía del uso inteligente de la fuerza bruta y de la cohesión interna de las pequeñas comunidades, estos personajes, los chamanes, fueron considerados primeramente como guerreros. Dotados de armas y poderes diferentes de los habituales, luchaban contra los enemigos de sus pueblos, fueran estos en forma de demonios o de seres humanos.

Grandes conocedores de la psicología humana y del poder de la sugestión, recurrían a las más variadas técnicas ritualistas para despertar importantes fuerzas latentes en el ser humano, como las de cura y regeneración. Para ello provocaban frecuentemente estados alterados de conciencia, a veces en sí mismos, y en otras ocasiones, permitiendo que los compañeros le acompañaran en sus viajes espirituales. En estas culturas orales, eran los receptáculos del conocimiento, los encargados de recordar los hechos de sus antepasados. También presidían los ritos de paso cuando, por ejemplo, los jóvenes eran incorporados de forma definitiva a la comunidad de los adultos, o cuando los espíritus de los muertos tenían que ser enviados hacia la otra realidad. Las ceremonias que conducían y los estados de trance que incitaban, eran fuentes de aliento y renovación para sus comunidades, inspirando a sus integrantes a tener coraje para enfrentar los dolores y penurias de la vida, así como también a sus enemigos.

Los chamanes se volvían de este modo poderosos polos aglutinadores de la conciencia comunitaria y servían como referencia fundamental para la identidad grupal. Esta, como todo sentimiento de pertenencia, tenía naturaleza excluyente, significando que la adhesión a un grupo suponía el rechazo a los demás.

Hoy, tras siglos de desprecio y olvido, las técnicas empleadas por los chamanes de los tiempos remotos vuelven a causar interés. Sus conocimientos de la psique pueden aportar importantes pistas para que los modernos científicos lidien con algunos de los males que afectan al alma humana. Para muchos, la posibilidad que ofrecen de retomar una conciencia de integración del hombre con la naturaleza, que supone una re-sacralización del mundo-, parece ser también la única esperanza para evitar la serie de catástrofes ecológicas que la ceguera del inmediatismo de nuestra civilización está construyendo para sí misma.

Sin embargo, nos encontramos ahora en otro nivel histórico. No podemos ignorar las grandes conquistas de la ciencia. La propia tecnología que tanto nos frustra nos ha llevado también a concebir nuestro planeta como la "nave espacial *Tierra*", un sistema integrado de recursos finitos. Con esto tenemos que tender a percibir a la humanidad como una unidad, no siendo posible continuar con identificaciones exclusivistas de pequeñas comunidades que conciben a los demás como enemigos. El desarrollo de nuestro pensamiento, en ciencias como la biología o la antropología, no nos permite continuar pensando en "purezas". Que nuestra naturaleza es mestiza resulta evidente para las miradas más libres. Las identidades excluyentes se volverán imposibles e indeseables en nuestras complejas sociedades. Así, el rescate del chamanismo también ha de darse de la forma más amplia y generosa. La ampliación de nuestros horizontes hace inviable el antiguo exclusivismo, y el chamán ha de ser consciente de su responsabilidad para con toda la especie humana, y su ética ha de ser universalista.

Ese es el camino que nos indica Léo Artese en este libro. Estableciendo conexiones entre los conocimientos esotéricos de Oriente y Occidente, Cábala y pajelança indígena[1], paganismo y ética cristiana, este nuevo chamanismo apunta hacia un camino espiritual alternativo al consumismo estéril y evita caer en la estrechez de horizontes y la xenofobia de los pueblos del pasado.

Edward McRae
Antropólogo y profesor de la
Universidad Federal de Bahía

---

1 N del T. El término *pajelança*, que no tiene traducción en nuestro idioma, se refiere al estudio y práctica del conocimiento de los Pajés, líderes espirituales, sanadores y jefes de determinados pueblos amazónicos. Serían el equivalente a los chamanes en otras tradiciones.

INTRODUCCIÓN

Siendo todavía muy pequeño, una noche fui despertado por la sorprendente visión de un enorme pájaro brillante posado a los pies de mi cama. El ave abrió las alas como si fuera a lanzarse a volar, mientras yo conseguía apenas respirar. Cerré los ojos y me puse a gritar con fuerza hasta que, para mi salvación, mi madre entró en la habitación para auxiliarme. La conclusión a que llegamos en aquel momento, es que todo había sido un sueño, aunque yo estaba seguro de que estaba despierto y mis ojos bien abiertos, contemplando aquel pájaro que, en aquella ocasión, me pareció tratarse de una paloma.

Aunque tuve una infancia normal, con todas las travesuras y trapisondas y juegos propios de la edad, siempre estuve interesado por lo sobrenatural, las religiones y los misterios. Me interesaba la lectura de la Biblia y de todo lo referente a la Doctrina Espírita, dado que solía sentir manifestaciones de fenómenos sobrenaturales y presentía acontecimientos. Venía de una familia espiritista y siendo adolescente mi padre me regaló mi primer atabaque[2] y a partir de ese momento comencé a tocar *pontos*[3] en las sesiones semanales de Umbanda[4] que se realizaban en nuestra casa.

Dotado de dones mediúmnicos, mi tío Cid inició a mi padre y fue también para mí un gran profesor, que me enseñó los misterios de la lengua del santo, del Candomblé[5] y de las ofrendas. En el descurrir de los años, anduve por diversas líneas de trabajos espirituales, incluso en el *Ilê Axê do Apo Afonja* en Cabula, terreiro[6] tradicional de Candomblé de Bahía.

Realicé estudios en órdenes iniciáticas, de kung fú, yoga, tarot, runas, masaje oriental, cromoterapia, acupuntura, hierbas medicinales, además de todo lo que estudié en libros de los más variados temas relacionados con la Nueva Era. En resumidas cuentas, ese fue mi viaje de búsqueda hasta encontrarme con el chamanismo. Hoy entiendo el porqué de tan profusa búsqueda. Estaba siendo preparado para poder unir todo lo que había vis-

---

2 N del T. Instrumento de percusión semejante a un tambor grande, utilizado para llevar el ritmo en rituales afrobrasileños.

3 N del T. Los pontos de Umbanda son cantos mediante los cuales se llama a determinadas entidades espirituales para su intervención en los rituales.

4 N del T. La Umbanda es una línea espiritual o religión que, proveniente de las tradiciones africanas, tiene su reflejo en Brasil, desarrollándose ampliamente a lo largo del siglo XX. En sus rituales los médiums "incorporan" a entidades espirituales para "trabajar" en la sanación de los necesitados.

5 N del T. El Candomblé es también conocido como religión de los Orishas, Seres Divinos a los que se invoca para su participación benéfica en los rituales. Su procedencia es también africana, al igual que el de la Umbanda.

6 N del T. El terreiro es el espacio sagrado preparado para la realización de trabajos espirituales en diferentes líneas. Se trata de espacios específicos al aire libre.

to y aprendido en un único lenguaje. Puedo comprender ahora, que aquel pájaro en mi cama no era una paloma grande sino un águila, mi Animal Guardián, que se complementa con el León (mi mundo animal). He sido pues iniciado por el Universo de la Magia Natural, en la práctica más arcaica de este mundo - El Chamanismo.

He aprendido con las enseñanzas de los indios norteamericanos, la historia siberiana, con los nativos peruanos, con los habitantes de la selva amazónica y con los curanderos, que el poder está dentro de nosotros mismos. Con las hierbas, los viajes chamánicos, los instrumentos de poder y los animales guardianes, aprendí que la cura es el resultado de la calidad de nuestras palabras, pensamientos y acciones, así como de la armonía de la creación con su Creador; de nuestra fe y nuestros propios méritos. A través del estudio de las plantas de poder llegué al Centro Ecléctico Fluente de Luz Universal - Santo Daime, donde descubrí al mayor de todos los chamanes que haya pisado en este mundo, Jesucristo. A partir de ese descubrimiento hubo una gran transformación en mi vida, a todos los niveles. En el modo de amar, de sentir y de comprenderme mejor a mí mismo y al mundo que me rodea. Desde ese encuentro con Jesús, practico lo que llamo Chamanismo Cristiano.

En Perú realicé varias ceremonias de Ayahuasca con el chamán Mateo Arévalo, de la tribu Shipibo, en el interior de la Amazonia peruana. Mi querido amigo y guía en ese país, Agustín, me enseñó mucho sobre los incas, además de iniciarme en el ritual de Wachuma, o cactus San Pedro. Quiero también destacar a Edwin Flores, de Cuzco, por la iniciación en los misterios y la magia de la hoja de coca.

Viajando para Ceu do Mapiá[7] (Cielo de Mapiá), comunidad daimista asentada en la floresta amazónica, tuve la oportunidad de convivir con hombres de alto conocimiento espiritual, tales como el Padrinho[8] Alfredo Gregorio, Valdete, Alex Polari, Padrinho Corrente, Pedro Dario y Daniel[9].

En los Estados Unidos recibí la bendición para conducir ceremonias de temazcal y levantar la Chapuna Sagrada[10] gracias a *Coyote en pie* Realicé ceremonias de peyote con el Navajo Melvin y la danza del sol acompañado por mi hermano espiritual norteamericano John, profundizando de este modo en este camino de belleza.

El chamanismo nos reconecta con una fuente de sabiduría superior, llevando al practicante a descubrir su misión y finalidad en la vida. Además de comprender su papel en el Universo, el practicante de chamanismo aprende a tener respeto por sí mismo, por los demás y

---

7   N del T. Generalmente los centros o Iglesias daimistas se autodenominan Cielos. Así, el propio centro de Léo Artese es conocido como Cielo de Luna Llena, en las cercanías de Sao Paulo.

8   N del T. Se conoce como Padrino a la persona que tutela espiritualmente al adepto en la línea espiritual del Santo Daime.

9   N del T. Todos ellos son referentes espirituales de la Iglesia del Santo Daime. Quiero destacar aquí el nombre de Alex Polari, antiguo guerrillero y actual líder espiritual de esta doctrina, quien es el Padrino del propio autor de este libro.

10   N del T. La Pipa Sagrada o pipa ceremonial es utilizada en diversas tradiciones norteamericanas para el uso ritual del Tabaco. En la tradición Lakota, que es posiblemente la más importante y referencia en ello, la Pipa Sagrada es entregada al iniciado por su Maestro o Jefe espiritual, cuando aquel ha completado el ciclo de iniciaciones previas. Solo entonces tendrá derecho a "levantar" la pipa. Actualmente esta tradición se ha visto ampliamente extendida por todo el mundo gracias a la Iglesia Nativa Norteamérica y el denominado "Camino Rojo", quienes la recogen en sus ritos y ceremonias.

por todas sus relaciones. Percibe claramente que su vida es regida por la Ley de Equilibrio de la Naturaleza, presente en los reinos animal, vegetal y mineral. Por tanto, el practicante ha de buscar su autoconocimiento para poder así reconectarse con lo Sagrado.

Lo que estás buscando, querido lector, se halla dentro de ti y te ha llevado a la lectura de este libro. Ten la certeza de que estás bien cerca de tu objetivo.

¡Buen vuelo!

CAPÍTULO I

EL CHAMANISMO

Podríamos definir el chamanismo como el conjunto de creencias, ritos y prácticas ancestrales presentes en diversas sociedades humanas, y centralizadas en la figura del chamán, quien establece contacto con una realidad oculta con el fin de obtener conocimiento, poder, equilibrio y salud, tanto para sí mismo como para otras personas. La palabra chamán tiene su raíz en Siberia y proviene de la palabra *samán*, que significa *inspirado por los espíritus* en la lengua tungue[11]. El término chamán fue adoptado por los antropólogos para referirse al individuo que tenía la función del liderazgo espiritual de la comunidad, tales como curanderos, hechiceros y pajés, los cuales mediaban entre el mundo profano y la dimensión sagrada, a través del trance místico y sus poderes curativos y mágicos.

---

[11] Idioma hablado por los pueblos nórdicos (lapones)

ORIGEN Y PROPAGACIÓN
DEL CHAMANISMO

FIGURA 1. Chamán del pueblo siberiano Tungue, con cuernos y tambor ritual. Grabado en cobre realizado a partir del diseño del explorador holandés Nicolaes Witsen, 1705. (Granger, NYC, Alamy Stock Photos)

El chamanismo se encuentra en diversas partes del mundo, tales como varios países de América, África, Australia, Siberia, China, Tíbet e India entre otros. Las semejanzas de sus prácticas son notables. Según algunos estudiosos, el chamanismo existe desde al menos hace 20.000 años y su origen ha suscitado varias teorías:

- Venidos de Siberia, algunos chamanes habrían emigrado durante las glaciaciones, siguiendo a los rebaños de rumiantes, atravesando el estrecho de Bering y extendiéndose por los distintos continentes.
- Surgimiento espontáneo en diferentes lugares con la posibilidad de una comunicación astral o telepática entre ellos.
- ¿Serían los primeros chamanes seres extraterrestres?

EL PAPEL DEL CHAMÁN

El chamán puede ser tanto hombre como mujer. Es el poeta, el mago, el curandero, el consejero, el líder espiritual, el contador de historias, etc. Su principal especialidad está ligada a los procesos de sanación y cura. Y cuando digo cura, no me refiero exclusivamente al cuerpo físico, sino también al mental, emocional y espiritual.

Para alcanzar sus objetivos, el chamán viaja a través de mundos invisibles a nuestra realidad ordinaria, recupera trozos perdidos de las almas de los pacientes, conoce el funcionamiento de la energía universal, altera sus niveles de conciencia cuando desea obtener orientación del mundo espiritual, conoce el uso de las plantas y de las piedras, invoca a los seres elementales de la naturaleza y utiliza instrumentos que le confieren poder, tales como círculos de energía, ruedas medicinales, tambores etc.

Los chamanes son los verdaderos guardianes de la Madre Tierra. Honran a todo lo que tiene vida, trabajan con los símbolos naturales de su inconsciente y aprenden a interpretarlos para superar los obstáculos. Nunca están solos, pues siempre los acompaña su espíritu animal guardián y sus espíritus auxiliares.

ESTADOS ALTERADOS DE CONCIENCIA

El antropólogo norteamericano Michael Harner se refiere a los estados alterados de conciencia (EAC), en el ámbito del chamanismo, como Estados Chamánicos de Conciencia, que no solamente afectan al trance, sino también a la capacidad de viajar en la realidad no común, con objetivo de encontrarse con espíritus animales, vegetales, de mentores y guías, etc.

Los estados alterados de conciencia incluyen diferentes grados de trance. Stanley Kryppner llega a clasificar 20 diferentes estados de conciencia. Mircea Eliade nos habla del éxtasis y Castaneda del Nagual. Nirvana, samadhi, alfa, trance, satori, conciencia cósmica, supra-conciencia, etc., son otros nombres para esta misma manifestación.

Lo importante es que a través de las prácticas chamánicas conseguimos conectarnos con nuestros mitos y símbolos, así como con nuestra realidad interior. Conseguimos expandir nuestra percepción para alcanzar los misterios que se encuentran guardados dentro de nosotros mismos. Aprendemos a sentir, ver y escuchar la energía. Nos reconectamos con lo Sagrado y con la Fuente Creativa de todo lo que nos sucede.

A través de la conciencia ordinaria no conseguimos alcanzar los niveles profundos de nuestro ser. Sería como intentar sintonizar una emisora de frecuencia modulada con una radio AM.

Existen diversas técnicas o rituales para llegar a estados más profundos de conciencia. Entre ellos destaco el uso de tambores, las danzas, los ayunos, las plantas de poder, las respiraciones, los asanas o posturas corporales y otros que iremos explorando en los siguientes capítulos.

EL CHAMANISMO EN LA NUEVA ERA

El chamanismo es la célula madre de todos los procesos actuales de la llamada Nueva Era que, en realidad, de nueva tiene solamente el nombre, pues lo que este movimiento ha hecho es buscar respuestas en las prácticas ancestrales. El respeto por la ecología y las condiciones ambientales, el reconocimiento de lo Sagrado, la necesidad de expandir la conciencia, la importancia de la vida espiritual, la ayuda al prójimo y la práctica del Amor Universal es nuestra línea filosófica.

Decimos célula madre, porque da origen a todas las prácticas de movimiento acuariano, como en los siguientes ejemplos: uso de cristales, hierbas medicinales, radiestesia y radiónica, la energía de las formas, mantras, posiciones corporales (asanas), técnicas de visualización, bastones, danzas, baños, pases, imposición de manos, poder de la palabra, ropas rituales, uso de los elementos (fuego, aire, agua y tierra), canalizaciones espirituales, etc. Esto no significa que coloquemos al chamanismo en el pedestal de las prácticas espirituales actuales, aunque si queremos dar una referencia histórica de la práctica religiosa más antigua de la humanidad, inclusive porque las prácticas oriundas del chamanismo tuvieron también su seguimiento y expansión específicos. También es indiscutible la impronta del chamanismo en las grandes religiones: el ritual judaico de la circuncisión, el bautismo cristiano, la iniciación de Cristo en el desierto, su muerte y resurrección; las visiones de Mahoma, en el islam y la búsqueda de la iluminación de Buda, en el budismo.

El chamanismo viene a rescatar la profunda conexión del hombre con la Tierra y nos enseña a honrar todas las formas de vida, pues donde hay vida está Dios. Comprendemos que todos los seres vivos tienen su misión en el Plan Universal, desde insectos, plantas, piedras y animales hasta nosotros, los seres humanos de dos piernas, como dicen los amerindios. No es fácil imaginar qué tipo de misión podría tener un mosquito o una cucaracha, pero nada se encuentra en la Tierra por casualidad. Cuando termina el tiempo de una especie, la propia naturaleza se encarga de cerrarlo, como en el caso de los dinosaurios.

Dado que Dios puede ser percibido en las diferentes formas de energía, hemos de considerar Sagrada a cada una de ellas. Cada planta y cada piedra pueden transmitirnos enseñanzas de cura, aprendemos a descifrar los mensajes que vienen del viento, reconocemos que formamos parte de una gran familia universal, que la Tierra es nuestra madre, que nos nutre y sustenta, recibiendo cada vida y acogiendo cada muerte.

Varias tradiciones chamánicas esperan la llegada de un nuevo tiempo que vendrá con el retorno de los antiguos chamanes, quienes reencarnarán en otros pueblos con otras lenguas, otro color de piel, transmitiendo el idioma del Amor Universal, promoviendo el reencuentro del hombre con lo Sagrado, para que juntos podamos caminar en belleza y armonía con cada ser vivo y en equilibrio con nuestra Madre Tierra.

El verdadero poder se encuentra en cada uno de nosotros y proviene del desarrollo de nuestros propios dones, pudiendo ser llamado Yo Superior, Cristo interior, Kundalini, Poder Mental, etc. Lo más importante es reconocer la chispa divina que cada uno posee por herencia natural y saber cómo mantenerla encendida. Entender que cualquiera que sea el camino espiritual escogido, es necesario tener fe y entregarse para poder integrarlo. No debemos temer a la desilusión, pues esta llega junto con la verdad. Aquel que desconfía no sale de la ilusión y no puede conocer la verdad. Es necesario creer que existe un Poder Superior que gobierna la Ley de Causa y Efecto y que aquel que busca la verdad con el corazón abierto y la mente limpia, podrá caer, pero no permanecerá en el suelo.

El reconocimiento del camino de la verdad viene con la expansión de nuestra conciencia, la cual se obtiene mediante la introspección, nuestras experiencias personales y nuestro contacto con lo Sagrado; con el *reli-*

gare, a través de la creencia en un Poder Superior. En cualquier caso, ¿cómo podríamos conocer la verdad si hablamos mucho y escuchamos poco; si enseñamos mucho, pero practicamos poco y si recibimos mucho, pero ofrecemos poco?

En la Edad de Oro de la Humanidad, el hombre se comunicaba con seres celestiales, espíritus de la naturaleza y con las Divinidades. Con el paso de las eras, en nombre del progreso y el avance de la ciencia, la humanidad se ha ido distanciando de su esencia espiritual. Para nosotros, el verdadero *religare* es la unión de lo Sagrado con todo ese avance conquistado por el hombre, por inspiración Divina. Debemos respetar y honrar todos los puntos de vista, pero nunca desviándonos del camino, dejando el juicio para quien debe juzgar. Con paso lento observamos y captamos mensajes que solamente llegan cuando nuestra mente está en calma y en silencio y el corazón lleno de amor. Recorremos despacio el camino, pero con anhelo de llegar.

Mediante la práctica del chamanismo debemos buscar nuestra verdad en la creación Divina. El mapa está escrito en cada vegetal, en los cambios de estación, en las puertas de cada dirección cardinal, en el movimiento del viento, en los hábitos y talentos de cada animal, en los registros de cada piedra, en la iluminación y el calor del Sol, en las fases de la Luna y en el recorrido de las Estrellas. Procuramos armonizarnos con la creación para poder alcanzar al Creador.

Practicando el chamanismo encuentro la dirección para hacer posible mi caminar en lo Sagrado, para dar un nuevo significado a mi vida, mirando con los ojos de un niño, volando como el Águila sobre las negras nubes de la ignorancia, protegiendo mi espacio Sagrado con el

León y abriendo mi corazón al Amor incondicional que nos enseñó el Maestro Jesús.

En tus oraciones, no esperes que nada caiga del Cielo; más bien, espera coger lo que plantaste. No somos víctimas de consecuencias, sino que podemos construir nuestro futuro a partir de pensamientos, palabras y acciones. Ningún árbol crece si la semilla no fue colocada en la tierra; si plantas un limón, no esperes recoger manzanas; si la tierra no es buena, prepárala; si la tierra está seca, riégala. Recuerda que no todas las plantas crecen en cualquier lugar. No puedes plantar un manzano en el desierto, salvo que encuentres un oasis. No podemos olvidar tampoco que la planta puede sufrir el ataque de alguna plaga. Considera si lo que necesitas plantar es un manzano u otro tipo de árbol, teniendo conciencia de que un frutal requiere de más tiempo que otros para dar fruto.

Nosotros, los practicantes de chamanismo, tenemos la responsabilidad de mirar por nuestra Madre Tierra y todas sus criaturas. Tenemos la misión de la cura planetaria, tanto en lo tocante a la calidad ambiental como a la energética y espiritual. Nunca podremos sentirnos totalmente saludables en un planeta enfermo, ni tendremos paz mientras nuestros hermanos estén en guerra. Y tampoco evolucionaremos si no hacemos la parte que nos corresponde.

CAPÍTULO II

COMENZANDO

Seguramente usted ya ha descubierto que, generalmente, es necesario pasar por momentos de crisis para que las personas cambian sus hábitos y costumbres. Estas crisis suceden cuando estamos agarrados a viejos patrones de comportamiento. Sabemos que es necesario cambiar, pero inconscientemente permanecemos paralizados porque tenemos miedo a lo nuevo. Nos sentimos más seguros con aquello que ya conocemos. Cuando llegan las crisis, sentimos que el mundo se acaba y únicamente percibimos frente a nosotros caos y sufrimiento. Y del mismo modo que nosotros sufrimos crisis, la humanidad entera también las atraviesa. Muchas cosas que tenían sentido en el pasado, dejan de tenerlo en el presente. Y esto es el resultado del cambio de conciencia de la humanidad.

Mire a su alrededor y observe a los demás. Notará que siempre están ocupados con cuestiones por resolver. La mayor dificultad para transformar la vida estriba en que estamos apegados a cosas e ideas. Quien se compromete con el camino de la transformación, comienza a cambiar el mundo a su alrededor. Este camino es desafiante y en algunos momentos arduo, pero suele tener resultados gratificantes, pues, recorriéndolo, aprendemos a expresar nuestro potencial espiritual, a respetarnos y honrarnos.

Podemos empezar el camino de transformación mediante pequeñas cosas e ir así ejercitando la mente para las grandes y necesarias transformaciones en nuestra vida.

Acostumbro a bromear haciendo una analogía entre el chamanismo y nuestro propio armario. Propongo la siguiente reflexión:

Diríjase a su armario y obsérvelo unos minutos. Vea todas las prendas que están ahí guardadas y que ya no utiliza. En el caso de que tenga alguna que se encuentre en esa situación, ya puede usted comenzar. Se va a dar cuenta de que hay ropa que no se pone desde hace mucho tiempo y de que, en realidad, acaba siempre vistiendo las mismas. Respecto a las demás prendas, piensa que tal vez algún día volverá a utilizar alguna de ellas, pero el tiempo pasa y eso no ocurre. Otras están viejas y pasadas de moda, pero usted piensa que tal vez podrá utilizarlas tras lavarlas o hasta puede creer que algún día volverán a estar de moda. Sin embargo, la prenda continua allí estancada, ocupando el sitio que podría albergar a nuevas piezas que podrían entrar en su armario. Es decir, ocupan un espacio útil, cuando podrían ser útiles para alguna otra persona.

La acupuntura enseña que el dolor es un exceso de energía concentrada en un determinado punto. Es energía parada, sin movimiento, sin fluidez. De forma análoga podemos considerar a una relación sin calidad, en la cual las personas ocupan un espacio en el armario emocional de alguien, en relaciones sin amor y respeto, con la creencia de que tal vez algún día podrá mejorar, o que no es posible vivir el uno sin el otro, pensando que es malo con esa persona, pero sería peor sin ella, o bien por costumbre, o para evitar conflictos familiares, llegando al punto de acabar buscando complementos emocionales es relaciones extras. Las excusas son variadas, pero sea consciente de que estará bloqueando su realización y dejando ocupar el lugar de alguien que podría llegar a su vida, a la vez que impidiendo la realización del otro. Estará despreciando su capacidad y su potencial de amor, perdiendo su tiempo, sofocando su creatividad, impidiendo su caminar en la senda de la vida y creando karma.

El ejemplo del armario se aplica también a la vida profesional. La mayor parte de nuestras vidas la pasamos trabajando. Si también es usted infeliz en esto, significa que es usted infeliz la mayor parte de su tiempo.

Nuestro armario ropero refleja nuestra mente. Verifique todo lo que se encuentra estancado en su vida y deje que la energía vuelva a fluir. Puede usted comenzar por su armario. Saque todo lo que no usa y dónelo. Haga que la energía circule regalando la ropa a quien la necesite. Líbrese de lo que no es importante para usted, sabiendo de la importancia que podrá tener para otro y siendo consciente de que siempre habrá otro. Comience a transformar su vida a través del armario para, a partir de ahí, poderse preparar para las demás transformaciones necesarias, restableciendo la calidad de todo lo que le rodea. Cuando su armario esté más vacío, bastará para mantenerlo un pequeño repaso de tanto en tanto.

EL PODER DE LA PALABRA

El chamanismo nos enseña que antes de practicar el uso de la palabra, es necesario conferirle poder. Es indudable que las palabras positivas atraen vibraciones también positivas, pero para que sea realmente eficaz, no es suficiente con esto. Para dotar su palabra de "poder" y conferirle potencial mágico, es necesario volverla sagrada mediante la práctica de la verdad y purificación.

La mentira es uno de los ejemplos que menoscaban el poder de la palabra. Cuando una persona miente y es descubierta, su palabra ya no va a volver a surtir el mismo efecto, por más poética y linda que sea. La palabra ha de ir acompañada por una conducta. Cada vez que utiliza su palabra para mentir, estará reduciendo su poder. Incluso cuando crea que la mentira servirá para no dañar a alguien o, como solemos decir, una *mentirijilla* sin importancia. No se engañe, la elección es suya. Estará usted debilitando la vibración de su palabra.

Cuando utilizamos la palabra para blasfemar, juzgar o criticar al prójimo o a determinadas situaciones, estaremos haciendo un mal uso de la palabra, haciendo que esta pierda poder. Cuando usted da su palabra y no la cumple, sea estar presente en algún acontecimiento o lugar convenido, cumplimiento de plazos, etc., aunque sea por olvido, usted debilita su palabra. Y lo mismo ocurre con las *palabrotas o tacos*. Cuando pronunciamos una palabra, emitimos una vibración al Universo y, como toda energía tiene movimiento y todo lo que se emite al Universo vuelve hacia el mismo punto, el patrón vibracional que va vuelve, trayendo una vibración de semejante tipo hacia quien las emitió, tal como un búmeran.

Estemos, pues, atentos a las palabras que emitimos, comprendiendo que cuando estas valen menos que nuestro silencio, es preferible estar callados. Y si cada palabra emitida supone una energía cuanto menos hablemos innecesariamente, más poder y energía tendremos cuando la pronunciemos, si comprendemos el poder que puede traernos el silencio. A partir de esta reflexión podremos estar preparados para utilizar la palabra de forma sagrada con todo su potencial, a través de mantras, oraciones, decretos, etc.

ORACIÓN INDÍGENA NORTEAMERICANA

Oh, Gran Espíritu
cuya voz escucho en el viento
y cuyo aliento da vida a todo el mundo,
¡escúchame! Soy pequeño y débil,
necesito su fuerza y sabiduría.

Déjame andar en la belleza
y haz que mis ojos contemplen siempre
el rojo y púrpura de la puesta del Sol.

Haz que mis manos respeten las cosas que hiciste
y que mis oídos se agudicen para escuchar tu voz.
Hazme sabio para que pueda comprender
las cosas que enseñaste a mi pueblo.
Deja que aprenda las lecciones
que has escondido en cada hoja, en cada roca.
Busco fuerza,
no para ser mayor que mi hermano,
sino para luchar contra mi mayor enemigo - yo mismo.

Haz que siempre esté dispuesto para llegar hasta ti
con las manos limpias y la mirada firme,
a fin de que cuando la vida se apague,
como se apaga el poniente,
mi espíritu pueda llegar hasta ti
sin avergonzarse.

REZO DEL BELLO CAMINO
42

Hoy saldré a caminar.
Hoy todo el mal me ha de abandonar.
Seré tal y como fui antes.

Habrá una brisa que recorrerá mi cuerpo.
Tendré un cuerpo liviano.
He de ser feliz para siempre.
Nada me lo ha de impedir.
Camino con la belleza frente a mi.
Camino con la belleza atrás de mi.
Camino con la belleza abajo de mi.
Camino con la belleza encima de mi.
Camino con la belleza a mi alrededor.
Bellas han de ser mis palabras.

CARGANDO LAS PALABRAS
CON ILUMINACIÓN
(Grupo Avatar)

Yo Soy el silencio, Yo Soy el silencio, Yo Soy el silencio.
Solamente hablo cuando es necesario.
Cargo cada palabra con el amor y la iluminación de los
[Maestros Ascendidos.
Comienzo todos los días con la bendición de mi propia
[presencia "Yo Soy".
Con amor, protección e iluminación de las legiones de Luz.
Para cada vida con la que diariamente entro en contacto, pido
iluminación, liberación y sustitución de las falsas apariencias
[por la verdad."
Que así sea / Amado Yo Soy.

LA GRAN INVOCACIÓN

Desde el punto de Luz en la Mente de Dios
que fluya Luz a las mentes de los hombres,
que la Luz descienda a la Tierra.

Desde el punto de Luz en el Corazón de Dios
que fluya Amor a los corazones de los hombres.
Que Cristo retorne a La Tierra.

Desde el centro donde la Voluntad de Dios es conocida
que el propósito guie la pequeña voluntad de los hombres,
el propósito que los Maestros conocen y sirven.

Desde el centro que llamamos La Raza de los Hombres
que se realice el Plan de Amor y Luz
y selle la puerta donde habita el mal.

Que la Luz, el Amor y el Poder
restablezcan el Plan Divino sobre la Tierra.

EL PODER DEL PENSAMIENTO

Nosotros creamos lo que pensamos. Pensando en alguien o algo, se crea una forma mental que es enviada al Universo. Los nativos, mediante la oración, transforman los pensamientos en palabras con intensidad. Cuando pensamos con emoción, partículas de formas mentales van al Universo y, a su vuelta, atraen partículas del mismo nivel de vibración. Debido a su alto grado de emoción, las vibraciones negativas como el miedo, la rabia y el odio se materializan rápidamente, creando en nuestra vida el sentimiento de que nada ocurre de forma acertada. Por consiguiente, varios acontecimientos negativos llegan de forma simultánea. Este es el secreto: los pensamientos se pueden materializar.

Por el mismo motivo, deseos de paz, belleza y armonía, han de ser acompañados de emociones de amor y fe, para que rápidamente se encuentren en vía de formación. En muchas tribus indígenas los pedidos se acompañan de sacrificios en los que se consigue la intensidad de la emoción, intención y sinceridad suficientes para que puedan ser honrados.

Los chamanes piden auxilio a sus guardianes espirituales, en la certeza de que sus pedidos son escuchados. Incluso aunque las filosofías puedan diferir entre diferentes tribus, los líderes espirituales reconocen el poder a través de la humildad y dedicación a la hora de rezar. Existe una noción general de que la existencia es una con el Universo a través del campo vibracional.

Los nativos norteamericanos se han caracterizado como pensadores que pertenecen a una esencia espiritual muy efectiva, procurando vivir en el presente y sintiendo la felicidad a su alrededor, experimentando el "ahora". El pensamiento es una forma de rezo, porque libera energía.

Por eso debemos ser muy cuidadosos con lo que pensamos. Necesitamos ser guardianes de nuestros pensamientos, principalmente en los momentos de mayor emoción, para salir de las situaciones más difíciles aprendiendo que estos las acompañan. Como dice el viejo refrán: *Tras la tempestad viene la calma.*

Una forma muy efectiva de materializar los pensamientos en nuestras vidas es mediante el uso de la imaginación. Al imaginar, estamos vivenciando la situación deseada con mayor intensidad. Dese cuenta de que todo, antes de ser materializado, ha sido imaginado: una casa, un viaje, un coche, etc. Antes de que Armstrong pisara la Luna, Julio Verne ya había ido y vuelto varias veces. Recuerde que somos *imagen y semejanza de Dios.* Confíe en la imaginación. Imagine la situación deseada como si ya hubiera sucedido, independientemente del nivel de complejidad de la situación. Confíe en el Universo.

Sustituya los patrones de pensamientos que proyectan el resultado en el futuro, tales como ¡Un día llegaré! ¡Seré feliz! ¡He de vencer! ¡Lo voy a lograr! Con este tipo de pensamiento estará siempre en espera de que algún día... Los pensamientos y afirmaciones positivas deben estar siempre reflejando la situación deseada en el presente: ¡Estoy allí! ¡Soy feliz! ¡He vencido! ¡Lo he conseguido!

Cuando estemos tratando de la cura de algún tipo de mal, no debemos reforzar patrones que alimentan la enfermedad, del tipo: ¡Estoy curado de mi dolor de vientre! ¡No tengo miedo! ¡Mi mente ya no está confusa! ¡Los espíritus burlones no me perturban más"!

Cámbielos por: ¡Mis intestinos son saludables! ¡Tengo claridad y discernimiento! ¡Mi Ángel de la Guarda me protege!

Amor, paciencia, sabiduría, fe y poder, son virtudes que debemos cultivar en nuestro pensamiento y acción. Muchos conocen la filosofía del pensamiento positivo, pero pocos saben ponerla en práctica. Para conseguir poder y vigor en nuestros pensamientos, nos debemos librar de pensamientos indeseables. Una de las formas de hacerlo es repetir para nosotros mismos la orden *Para*. Cuando perciba algún pensamiento negativo en usted, piense: ¡*Para!* Vea que es lo que hay detrás de ese pensamiento. Miedo, celos, rabia, envidia, desesperación, etc. ¡Pare! Después dígase a sí mismo: *Este pensamiento no forma parte de mi ser. Yo soy...*"(sustituya por patrones positivos)

LA CANCIÓN DE LA BELLEZA

Mary Dean Atwood, chamana y psicóloga de Arizona, muestra en su libro *Spirit Healing* otra forma de incorporar pensamientos positivos en su ser. Esto es mediante una canción diaria. La letra ha de ser creada por usted mismo, imaginando todo lo que necesita atraer a su vida como si ya hubiese sucedido. Incorpore a esa letra una melodía que le resulte agradable. Puede ser tanto una compuesta por otros músicos como una que llegue a su mente. Cante esa música todos los días al salir de casa, antes de dormir y en los momentos delicados. Cuando esa canción se hace automática, su inconsciente estará listo para ayudarle en lo que necesite. Siéntase feliz mientras canta. Sienta las cualidades entrando dentro de su ser, formando parte de usted.

AFIRMACIÓN
(Canción canalizada)[12]

Eu Sou feliz, Eu Sou saudavel, Eu Sou perfeito
Sou rico e Sou próspero.
Eu Sou o Amor do meu Pai Criador
Eu Sou o Amor do meu Pai Criado

Eu Sou feliz, Eu Sou saudavel, Eu Sou perfeito
Sou rico e Sou próspero.
Eu estou en harmonia com o Universo
Recebo tudo que com firmeza, Eu peço

Eu Sou feliz, Eu Sou saudavel, Eu Sou perfeito
Sou rico e Sou próspero.
Nesta batalha para Eu poder crescer,
Com fé em Deus, tenho a certeza de vencer.

---

12   N del T. Las canciones inspiradas, dentro de la línea espiritual del Santo Daime, son conocidas como *hinos*. Estos hinos no son composiciones musicales al uso, sino que son *recibidos*. Las personas que los reciben afirman que esto ocurre de varias maneras. Algunos escuchan la canción como si esta fuera enviada desde planos espirituales, otros sienten la inspiración, como si el canto se fuera canalizando a través de ellos. Algunos tienen *miraciones*, o experiencias de visualización muy vívidas en las que el canto llega como una experiencia espiritual. Esto puede ocurrir dentro de rituales y bajo la influencia de las plantas de Poder utilizadas en los mismos o en momentos de inspiración mística. El autor tiene tres *hinarios* (libros de himnos sagrados), conformados por más de 200 de estos cantos.

Yo Soy feliz, Yo Soy saludable, Yo Soy perfecto,
Soy rico y Soy próspero,
Yo Soy el Amor de mi Padre Creador,
Yo Soy el Amor de mi Padre Creador.

Yo Soy feliz, Yo Soy saludable, Yo Soy perfecto,
Soy rico y Soy próspero,
Yo estoy en armonía con el Universo,
recibo todo que, con firmeza, yo pido.

Yo Soy feliz, Yo Soy saludable, Yo Soy perfecto,
Soy rico y Soy próspero.
En esta batalla, para Yo poder crecer.
Con fe en Dios tengo la certeza de vencer.

CANCIONES DE PODER

Según muchas tradiciones, los sonidos y la música poseen un profundo efecto psicofísico. Los cantos han acompañado a toda la historia de las religiones. Están los cantos zen budistas, cantos gregorianos, salmos, puntos de Umbanda y Candomblé, canciones evangélicas, etc. Ciertos tonos pueden curar o lesionar al cuerpo humano. Escuchar sonidos por encima de 70 dB puede perjudicar nuestra audición. Sonidos por encima de 120 dB pueden dañar de forma inmediata al odio. Algunas especies de animales matan a sus enemigos naturales emitiendo determinadas notas. Los hindúes atribuyen ciertos sonidos a los chakras, que les dan poderes ocultos (mantras).

En el caso específico del chamanismo, las canciones de poder acompañan a las ceremonias para invocar espíritus guardianes, espíritus curadores, para intensificar o calmar la energía, para alterar la conciencia, para facilitar una mente libre de pensamientos indeseables y proporcionar visiones. El ritmo también puede llevar al chamán de vuelta a su espacio sagrado. Todo chamán posee sus canciones de poder para invocar a su animal y espíritus auxiliares. El ritmo y las palabras establecen una comunicación con lo Sagrado, liberando de forma espontánea, energía para curar y elevar la conciencia.

Chamo a Força encarnada
Para usar as minhas mãos,
Para expulsar os malfazejos,
Que atrapalham meus irmãos.

Chamo os Seres Sagrados
Para me darem a proteção
E a Aguia vai por cima
E o Leão vai pelo chão.

Segue a Aguia em seu voo
Para me dar a visão
E quando toco o meu tambor
E quem segura a minha mao.

O Leao com sua Força,
Reinando na inmensidão
E e essa Força que eu sinto
Dentro do meu coração

Fique muito alinhado
Diante desta afirmação:
Eu uso a Luz do Amor
Para te tirar da escuridão.

Llamo a la Fuerza encarnada
para que utilice mis manos,
para expulsar a los malévolos
que incordian a mis hermanos.

Llamo a los Seres Sagrados
para que me den su protección
y el Águila va por arriba
y el León va por el suelo.

Sigo al Águila en su vuelo
para darme la visión
y cuando toco mi tambor
es quien sujeta mi mano.

El León con su Fuerza,
reinando en la inmensidad
y es esa la Fuerza que yo siento
dentro de mi corazón.

Quedo muy armonizado
frente a esta afirmación:
yo uso la Luz del Amor
para sacarte de la oscuridad.

La canción de Poder no es compuesta y sí canalizada. Es un fenómeno de liberación psíquica, mediumnica. Las canciones de Poder traen felicidad y bien estar, entendimiento y reflexión, cura y trance.

En Perú, los chamanes asocian los trabajos chamánicos con los ícaros o canciones mágicas, para invocar el espíritu de una planta de poder, para viajar por mundos invisibles, curar y atraer protección.

En los rituales de Santo Daime no es raro que sus practicantes *reciban hinos,* que son versos musicalizados, captados, de origen Divino. En la *Unión del Vegetal,* que también utiliza de la bebida Ayahuasca, los Mestres entonan *llamadas.* En el Rig Veda, los sacerdotes, en estado de trance provocado por la bebida soma, también captaban himnos sagrados. Así mismo los indios brasileños, norteamericanos, aborígenes australianos, esquimales, africanos, siberianos. En definitiva, estas canciones están presentes en todo el Universo chamánico.

Las canciones de Poder pueden ser tanto grandes y melodiosas como cortas y repetitivas, como en este ejemplo:

Voa Águia, Voa Águia	Vuela Águila, vuela Águila,
Vem voar prá mim	ven a volar hacia mi,
Vem me dar sua visão	ven a darme tu visión,
Neste céu sem-fim.	en este cielo sin fin.

CAPITULO III

INSTRUMENTOS DE PODER

Los chamanes se sirven siempre de objetos mágico-religiosos, que confieren poder a las ceremonias y rituales, así como talismanes que les protegen. Estos instrumentos deben ser consagrados en ritual. El propio practicante de chamanismo puede conferir poder al objeto mediante su vibración energética, intención y fe ofreciéndolo a alguna Divinidad. Una vez consagrado, el objeto se convierte en un foco de emisión de energía. Son innumerables los diferentes tipos de objeto de poder, pero a continuación veremos algunos de los más conocidos.

EL TAMBOR

El tambor es considerado universalmente como un instrumento indispensable en el chamanismo. Es el vehículo mediante el cual los chamanes realizan sus viajes a otros mundos. El tambor se usa también para invocar espíritus, para realizar curas y para alejar espíritus malignos.

El tambor deberá adquirir su alma antes de ser utilizado. Algunos los preparan con sangre del propio animal sacrificado para obtener la piel, otros con baños de hierbas o sahumerios. Debe honrarse el sacrificio del animal

53

y del árbol con que se confecciona el cuerpo del instrumento, pues estos espíritus hablarán también a través del toque del chamán.

FIGURA 2. Un noaidi, chamán del pueblo Sámi, del norte de Europa, con un tambor oracular. Ilustración grabada en placa de cobre a partir del diseño de Knud Leem, 1767.

Los nativos norteamericanos asocian el toque del tambor con el latido del corazón de la Madre Tierra y también al sonido en el interior del útero. El tambor da acceso a la fuerza vital a través de su ritmo.

El tambor es también considerado como el caballo o la canoa que nos lleva al mundo espiritual. Es el instrumento que establece la comunicación entre el Cielo y la Tierra, que permite al chamán viajar al *centro del mundo* (Eliade).

FIGURA 3. Chamán de la península de Kamchatka, extremo oriente de Rusia, con tambor ceremonial. Grabado de 1799. Bibliothèque Nationale, Paris. (Archieve Collection. Alamy Stock Photos)

Es utilizado por chamanes y sacerdotes del mundo entero en diversos tamaños y formas, como por ejemplo el Damarú (el instrumento de Shiva), los tambores japoneses, la tabla, las congas cubanas... Se utiliza en el

Tantra, en el budismo tibetano, en los cultos afro tales como la Umbanda y el Candomblé (atabaques), donde son rociados con agua bendita. En estas dos últimas líneas espirituales, son ofrecidas las comidas a los Santos y los tambores envueltos con los colores de los Orishas a los que fueron consagrados. En los cultos Jeje-Nago, los atabaques se tocan con varitas (aguidavis). En los cultos de Angola se tocan con las manos. En el Candomblé son generalmente tres: Rum el mayor, Rumpi el mediano y Le, el menor.

Ningún trabajo chamánico sucede sin tambor, cuyos sones repetitivos y monótonos permiten al chamán alterar su conciencia. Este instrumento, asociado a los cantos, silbidos y otros instrumentos, crea un ambiente muy propicio para el trance. Michael Harner relata en su libro *The way of the Shaman*, una investigación de laboratorio en la que se comprueba que el tambor produce modificaciones en el sistema nervioso, pues su batida tiene baja frecuencia sonora, predominando, por tanto, el nivel de baja frecuencia en el encefalograma.

En Siberia, el tambor redondo u oval, es generalmente confeccionado con piel de alce o reno y son los espíritus quienes deciden el tipo de madera que debe ser usado para su fabricación.

En América del Sur, en algunos rituales se sustituye por maracas o crótalos. Entre los indios brasileños existen los tambores de cerámica (tocados con baquetas), el tambor de agua (de cerámica llena de agua), el tambor de fenda, que es una madera incrustada en un tronco con aberturas circulares (sin piel) y colgados a unos centímetros del suelo y tocados mediante dos baquetas, así como los tradicionales de piel.

El jefe del tambor, Oga, tamborilero, etc., es el maestro del viaje, del trance. Los toques pueden aumentar o disminuir el campo de fuerza. Existen toques para la cura, la guerra y los viajes chamánicos, entre otros.

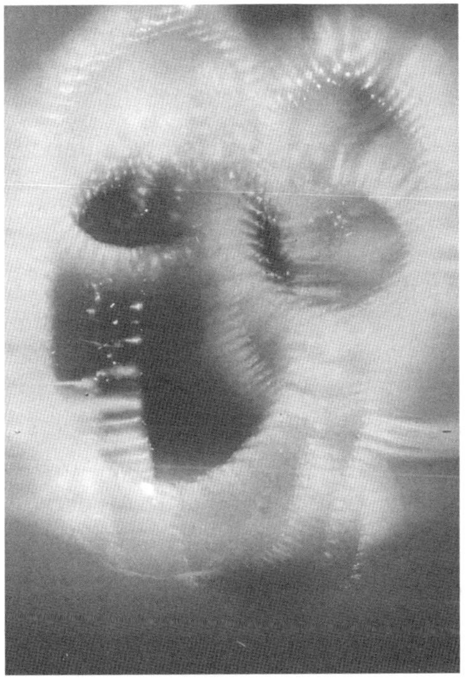

FIGURA 4. Imagen del aura del dedo índice del autor tras un toque de tambor. (Fotografía: Cristina Mara. Archivo del autor.)

El ritmo del toque del tambor para un viaje chamánico varía entre 150 y 200 batidas por minuto.

Para conservar el trance, generalmente hay un asistente que asume el toque del tambor durante los rituales.

MARACAS Y SONAJAS

Son muy utilizadas, especialmente en América del Sur. Generalmente, están hechas de calabaza o de cuernos de ganado y en su interior contienen piedras o semillas. En los rituales de Santo Daime se confeccionan con latas de conserva que contienen esferas metálicas en su interior, las cuales también son utilizadas en los rituales de iniciación (catimbó).

Tienen la misma finalidad que los tambores y son usadas también en rituales de exorcismo.

CACHIMBOS (PIPAS SAGRADAS)

Son de uso común para la inhalación de Tabaco por parte de chamanes del mundo entero. Para los nativos norteamericanos, su importancia es fundamental. Erróneamente llamada como *Pipa de la Paz*, los nativos la conocen como *Pipa Sagrada (Cachimbo o Chanupa Sagrada)*. Esta Pipa Sagrada surgió para los indios norteamericanos con la aparición de la mujer Novillo Búfalo Blanco a la tribu Lakota (Sioux). La historia que relatan es la siguiente:

Dos guerreros en busca de caza vieron un bulto frente a ellos. Cuando prestaron atención encontraron, que era una linda moza vestida de blanco, que llevaba colgada una bolsa de pieles. El primer guerrero tuvo deseos impuros mientras que el segundo percibió que, dada la belleza de la mujer, ciertamente debía ser sagrada. Sin resistir al deseo, el primer guerrero se acercó a la mujer. En ese momento, una nube los envolvió y al disiparse el segundo guerrero vio a la mujer vistiéndose mientras el cadáver descompuesto del otro guerrero se encontraba en el suelo, lleno de gusanos. Ella se dirigió al segundo hombre y le dijo que quien ve primero la belleza externa de una mujer jamás conocerá la belleza Divina. Encargó al guerrero que diera indicaciones a su jefe para construir una cabaña que pudiera albergar a toda la tribu. Cuando la cabaña estuviera dispuesta, ella iría a revelarles valiosos misterios para toda la nación. Tras la construcción, conforme había prometido, la mujer entró en el campamento y habló sobre el Cachimbo Sagrado.

Explicó que la cazoleta representa a la Tierra y el caño a todo lo que crece sobre ella. La cazoleta representa el aspecto femenino y el caño al masculino. La unión es el principio de la creación, de la fertilidad. La Pipa Sagrada es una forma de rezar en la que los pedidos son enviados a través del humo. Con cada exhalación de Tabaco se está honrando a lo que los chamanes norteamericanos llaman "todas nuestras relaciones", "Mitakuye Oyassim", que son todas las manifestaciones de vida de la Creación, seres elementales, animales, insectos, piedras, plantas, espíritus ancestrales, etc. Para ello el cachimbo ha de ser consumido hasta el final. La mujer Novillo Blanco entregó a los Sioux (Lakota), Siete Ritos Secretos: la guarda del alma, la búsqueda de visión, el ritual de purificación, la danza del sol, el lanzamiento de pelota, las vestiduras, la preparación de las mozas y los deberes de las mujeres.

Esta leyenda enseña que, quien llega al ritual de Cachimbo Sagrado, no puede tener pensamientos impuros. A través del humo de la pipa enviamos nuestras peticiones visualizadas al Universo. Con cada bocanada de humo de Tabaco honramos lo que los chamanes norteamericanos llaman *Mitakuye Oyassin*, cuyo significado es "por todas nuestras relaciones" o sea toda manifestación de vida de la Creación, seres elementales, animales, insectos, piedras, plantas, espíritus ancestrales, entre otros. Por este motivo, el cachimbo ha de fumarse hasta su consumación.

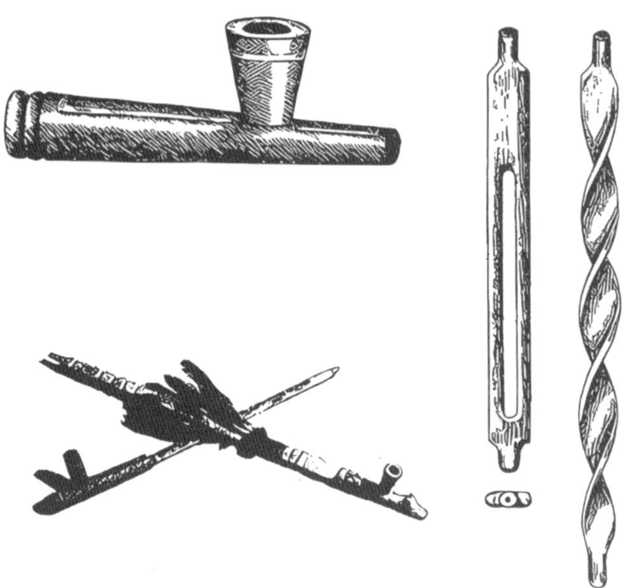

FIGURA 5. Cachimbos sagrados usados en rituales chamánicos.

El hecho de que algunos cachimbos estén hechos de una
sola pieza no resta valor al ritual.

En el capítulo que dedicaremos al uso ritual del Tabaco exploraremos más detalles sobre la utilización de los
cachimbos.

PIEDRAS Y CRISTALES

Hay una narración chamánica que dice que el Creador,
viendo la oscuridad de la noche, cogió un trozo de cristal
de cuarzo y lo despedazó en miles de pedazos, arrojando
los cuales, al Universo, supuso la creación de las estrellas.

Los aborígenes australianos consideran a los cristales como luz solidificada.

Piedras y cristales han venido siendo utilizados por las más diferentes civilizaciones de forma ancestral. Poseen variadas vibraciones de luz y sonido. En el chamanismo norteamericano se conocen como *Seres Piedra,* detentores de los registros de la Madre Tierra. La Rueda de la Medicina de estos nativos consta de 36 piedras y es la propia Rueda de la Vida (entraremos en más detalle en capítulos posteriores). Las piedras tienen un espíritu, un alma y cualidades específicas. Amplifican pensamientos, expanden la conciencia, auxilian en procesos de cura del cuerpo físico y nos libran de energías negativas. Hay diversos tipos de piedras y cristales. Vamos a tratar aquí sobre los principales usos y propiedades de algunos de estos instrumentos de poder, habitualmente utilizados en los rituales:

- **Abalone** (Nácar). Es una concha. La utilizo para limpieza del aura, en los rituales de limpieza con defumadores[13], representando al elemento agua.

- **Aguamarina.** Armoniza el ambiente, desbloquea la comunicación, reduce el estrés, establece conexión con la naturaleza y aporta alegría a las relaciones.

- **Amatista**. Refleja el rayo violeta. Es utilizada para meditar, tranquilizar los pensamientos, traer calma y paz. Enseña humildad abriendo la mente a vibraciones superiores.

---

13 N del T. La traducción para defumación sería ahumar. Conservamos el término portugués defumar, defumaçao, defumador, por ser los términos por los que se conoce a la limpieza espiritual y energética mediante el uso del humo de inciensos y hierbas.

- **Amazonita.** Refuerza las cualidades masculinas y calma el sistema nervioso.

- **Ámbar.** Es una resina fósil. Se utiliza para eliminar la depresión, dolores corporales, mejoría de humor, protección de los niños. Ha de ser limpiado siempre tras su uso.

- **Citrino.** Se conecta con el Sol. Aporta creatividad, disipa las emociones negativas, clarifica el pensamiento y estimula la consciencia cósmica.

- **Comalina.** Conexión con la energía de la Tierra. Aporta seguridad, abre los caminos para lo nuevo, aumenta la motivación y estimula los pensamientos.

- **Crisocola.** Es la piedra de los terapeutas alternativos. Alivia los miedos, atenúa la tristeza y rabia de las parturientas y equilibra las emociones.

- **Crisoprasa (Ágata).** Favorece la introspección y la apertura para nuevas situaciones; da calma y vuelve a las personas menos egoístas.

- **Cuarzo.** También llamado cuarzo transparente o blanco. Refleja la pureza. Es un comodín y se utiliza para la cura y amplificación de los poderes chamánicos. Es el más utilizado en sus diversas formas.

- **Cuarzo Ahumado.** Purifica el primer chackra, trae esperanza y ayuda cuando hay tendencia al suicidio. Trabaja con la aceptación y el desapego.

- **Cuarzo Azul.** Aumenta el conocimiento sobre la espiritualidad.

- **Cuarzo Rosa.** Es la piedra del amor incondicional, ligada a Jesús. Alivia las heridas y equilibra las emociones. Atrae el perdón, el amor propio y libera traumas de infancia.

- **Cuarzo Verde**. Usado para la cura física, principalmente para el corazón. Trae prosperidad y se conoce con el nombre de Venturina.

- **Esmeralda**. Ofrece equilibrio físico, emocional y mental. Da sabiduría, aumenta la capacidad psíquica, refuerza la inmunidad y trae renacimiento. No debe ser utilizada con otras piedras.

- **Fenacita**. Conecta con las energías angélicas y es una piedra de mucho poder. Trabaja con los chackras superiores.

- **Granada**. Otorga información sobre vidas pasadas, paciencia, amor, compasión, coraje y limpia de pensamientos impuros.

- **Jaspe Rojo**. Dispersa energías negativas, energiza el primer chackra, ayuda a la circulación sanguínea y desintoxica.

- **Lapislázuli**. Energiza el sexto chackra, abre la clarividencia y la intuición, se relaciona con la mente, la paz, la espiritualidad y la iluminación. Amplifica el poder personal.

- **Madera fósil**. Para trabajar la regresión a vidas pasadas. Tiene conexión con la tierra y despierta la conciencia ecológica.

- **Malaquita**. Todos los chamanes africanos la utilizan. Es la piedra de la cura, ligada con Hilarión. Se utiliza para la protección, para que los niños duerman en paz y para la relajación.

- **Moldavita.** Armonización con el Yo Superior. Ayuda a tomar tierra, equilibrando el cuerpo y la mente. Promueve la conexión con energías extraterrestres.

- **Obsidiana.** Ayuda a olvidar viejos amores, agudiza la visión, ayuda a liberar la rabia y enseña el desapego. Se debe conocer bien la piedra antes de usarla.

- **Piedra Luna.** Despierta el lado femenino, la sensibilidad. Se conecta con el subconsciente, calma las emociones y trae paz de espíritu.

- **Modalita.** Cambio de actitudes, equilibra el metabolismo, da comprensión espiritual, equilibrio yin yang, fortalece la comunicación y despierta la tercera visión.

- **Turmalina negra.** Repele las energías negativas. Procure llevar siempre consigo una turmalina en el bolsillo. Defensa contra las enfermedades.

FORMAS DE LIMPIEZA, ENERGIZACIÓN Y USO

Hay gran variedad de libros sobre el uso terapéutico de los minerales, entre los cuales destaco "El ABC de los Cristales", de mi amigo y hermano Antonio Duncan, que ofrece varias formas de utilización de los cristales. Veremos a continuación cómo limpiar, energizar y usar las piedras y cristales.

Limpieza: Dejar la piedra durante un tiempo en un recipiente con agua y sal marina gruesa. Otra forma de limpieza es mediante el humo de la salvia.

Energización: Dejar la piedra durante un periodo, expuesta a los rayos solares.

Utilización: Diferentes terapias holísticas utilizan el campo magnético de las piedras y cristales para el restablecimiento de la salud. Una de las formas de utilización chamánica es a través de la Rueda de la Medicina. En los rituales chamánicos, trabajamos en conexión con el espíritu que habita en el interior del cristal, (más información en capítulo 9)

LOS TRAJES Y LAS MÁSCARAS

El simbolismo que se esconde tras los trajes representa la salida del mundo material y la entrada en el mundo espiritual. Los trajes ceremoniales se hacen presentes en todas las religiones: la bata del sacerdote, la indumentaria de los Orishas, los mantos de los magos y sacerdotes, ropa blanca, pieles de animales, uniformes, etc.

Cuando un chamán se viste con la piel de un animal, refuerza el contacto con el mundo de estos seres. Lo mismo sucede con los penachos, plumas, etc. Estos elementos representan también la iniciación. Las vestimentas, según Eliade, representan un microcosmos espiritual, que se distingue del espacio profano que lo rodea. Están impregnados, a través de la consagración, de fuerzas espirituales. El uso ritual de vestimentas y máscaras animales viene a representar la adquisición de un nuevo cuerpo por parte del chamán.

Las máscaras encarnan los poderes sobrenaturales, otorgando al hombre un medio de atraer a las fuerzas Divinas. No todos los que practican el chamanismo usan estas máscaras, que suelen estar restringidas a rituales indígenas. Generalmente, aparecen en ritos relacionados con la muerte o los antepasados, en rituales de fertilidad y ceremonias de iniciación. También de forma general, su uso se limita a los hombres. También se utilizan tanto para juegos como para infundir miedo.

EL BASTÓN DE LA PALABRA

Se utiliza específica en las tradiciones nativas de Norteamérica. Se trata de un trozo de madera (un pedazo de rama), que se consagra para que se pueda presentar el *sagrado punto de vista*. En este ritual no pueden pronunciarse palabras que no sean verdaderas. En la ceremonia habla únicamente la persona que tiene el bastón en su mano, mientras que el resto debe permanecer en silencio. Es un modo de honrar la sabiduría de los demás. Esto no quiere decir que haya que estar de acuerdo con lo que manifiestan, pero sí que se otorga la debida escucha y se respeta así el punto de vista del prójimo. Se utiliza en reuniones del Consejo, en procesos grupales e incluso entre dos personas.

OTROS OBJETOS DE PODER

También se utilizan en determinados rituales, los bastones de lluvia, cuyo sonido simboliza el movimiento de las aguas y que suelen tener diferentes diseños, tamaños y adornos. Estos bastones son predecesores de las varitas mágicas.

Arcos y flechas, amuletos, talismanes y diferentes instrumentos musicales, huesos, cuernos, dientes y pieles animales, raíces y semillas, cruces, mandalas, etc., son otros elementos utilizados según las diferentes culturas.

CAPÍTULO IV

ANIMALES DE PODER

La simbología animal está profundamente grabada en el inconsciente colectivo de la humanidad. Somos herederos de sentimientos y recuerdos inconscientes que condicionan nuestro comportamiento consciente. En la práctica chamánica, los animales presentes suelen ser de naturaleza salvaje y no doméstica. Estos representan el instinto animal innato del hombre, su lado fuerte e irracional. Hay registros en todas las religiones, en ambos hemisferios de la Tierra, de Divinidades que ha sido representadas con forma humana y animal, como por ejemplo Ganesha, la Divinidad hindú con cuerpo humano y cabeza de elefante. También Toth, el Dios egipcio representado con cuerpo humano y cabeza de halcón. Encontramos la presencia de simbología animal en las mitologías griega, fenicia, maya, azteca, cultos nativos africanos, de Australia, de Brasil, de Norteamérica, del Perú y de Siberia. También en las doctrinas místicas y filosóficas tales como el taoísmo. En la literatura oriental, los animales aparecen en los cuentos Jataka, compilación de leyendas que relatan como Buda, en su gran despertar, recordó sus vidas anteriores como animal. En la literatura occidental, los animales están presentes en obras como el sermón de Santo Antonio a los peces, del padre Antonio Vieira, en el legendario sermón de San Francisco a las aves y en las fábulas de Esopo, una colección de narraciones atribuidas al esclavo y narrador de historias, quien vivió en la Grecia antigua. Sus fábulas tienen como protagonistas a personajes animales, que actúan con seres humanos, para ilustrar algunos preceptos morales.

Jesús dijo a sus discípulos: "He aquí que os envío como ovejas en medio de los lobos; por tanto, sed prudentes como las serpientes y simples como las palomas". (Mateo 10:16). Otro ejemplo de la presencia de animales en las escrituras bíblicas se encuentra en el Antiguo Testamento, en el libro de Ezequiel, que registra la simbología de los cuatro evangelistas, cada uno asociado a un animal: Mateo representando un ángel o un hombre que marca el nacimiento de Cristo; Marcos, el León, cuyo Evangelio comienza en el desierto; Lucas, el toro, que comienza con Zacarías, quien sacrificó el ganado, y Juan, el águila, a través de la cual el espíritu de Dios se manifiesta.

Los símbolos de los signos astrológicos de la tradición occidental son representados por animales exceptuando géminis, virgo, libra y acuario. En la astrología china, cada año del ciclo de 12 años es representado por un animal, comenzando por la rata y siguiendo por el buey, tigre, conejo, dragón, serpiente, caballo, carnero, mono, gallo, perro y cerdo. Cada persona además tiene sus "animales internos" y sus "animales secretos", de acuerdo con el mes, día y hora de su nacimiento. Según el hinduismo, los centros psíquicos llamados túneles o chackras, tienen en cada vórtice un animal que transporta el *bija* (simiente). La energía kundalini es representada tradicionalmente como una serpiente. El simbolismo animal está presente en todas las doctrinas ocultistas, en la alquimia, las cartas del tarot, las rutas y el I Ching[14], entre otros.

En el chamanismo, los animales son considerados espíritus poderosos, cada uno de los cuales tiene sus propios talentos y su propia medicina, transmitiéndonos así su sabiduría. En los rituales chamánicos pasamos por el descubrimiento del animal guardián que habita en cada uno de nosotros. Nuestro animal de poder es también conocido como espíritu protector, nagual, aliado, tótem o animal guardián. Representa nuestro alter ego, nuestro doble. Los animales están más próximos a la fuente Divina que nosotros, y deben ser reverenciados y estudiados, porque son la manifestación de poderes arquetípicos ocultos que se encuentran tras los bastidores de la transformación humana. Cada animal tiene un modelo arquetipo, un animal maestro que simboliza su poder espiritual. El animal tiene presencia mítica y carácter onírico. Cuando compartimos la conciencia de un animal, podemos trascender el tiempo, así como las leyes de causa y efecto. La naturaleza de la relación entre el hombre y el animal es espiritual. Todo chamán tiene al menos un animal guardián que lo ayuda y protege en sus viajes extáticos.

En los ejercicios chamánicos destinados a encontrar a nuestro animal del poder, a través de meditaciones y visualizaciones, generalmente suelen aparecer varios de ellos. Trabajar con muchos animales al mismo tiempo, puede demandar un exceso de energía al principiante,

---

14   N.E: Para un estudio profundo del I Ching se recomienda la edición del I Ching de Eranos, la más actual y exhaustiva siendo una traducción directa de las fuentes chinas al castellano y que incorpora nuevos conceptos hermenéuticos como los hexagramas nucleares y los campos de significado: Ritsema, R; Shantena, A. S.; Mañas Peñalver, C, *I Ching: El libro de los cambios*, Editorial Cántico, Córdoba, 2022.

quien al principio necesita concentrarse exclusivamente en su animal principal. El principiante debe de estar bastante atento a la visión que reciba, pues su animal guardián encontrará un modo de hacerse distinguir entre los demás, como pudiera ser apareciendo en las cuatro direcciones cardinales. Tras encontrar a su animal guardián el principiante deberá establecer comunicación con el mismo, sea por medio de símbolos o a través de preguntas. Establecido el contacto, el guardián se comunicará con el practicante a través de sueños, símbolos, palabras o mediante la escucha interior. Él le auxiliara en situaciones difíciles, tales como el diagnóstico de enfermedades, realización de objetivos y desafíos, localización de objetos perdidos, aumento de resistencia y de la disposición, aclaración de relaciones, protección contra malhechores, autoconocimiento y guía para llegar a lugares de difícil acceso. El animal de poder hace que la persona se vuelva resistente a la enfermedad, dado que propicia un cuerpo vigoroso y protegido contra las infecciones. El animal de poder nos ayuda a aumentar la agudeza mental y la autoconfianza. Las enfermedades no son naturales del cuerpo, pero sí atraídas hacia él. Por ese motivo, cuando una persona se encuentra débil o deprimida, decimos que perdió su poder animal.

EL RESCATE DEL PODER ANIMAL

Según Michael Harnear, en su libro *El camino del chamán*, una persona enferma se encuentra desanimada, o sea, perdió su fuerza animal, quedando deprimida, débil y predispuesta a enfermar. A lo largo de la vida sufrimos una serie de traumas, abusos y otras situaciones, que van debilitando al alma, hasta que, en un momento determinado, un choque mayor hace que, según algunos sistemas chamánicos, se produzca lo que se denomina pérdida o fragmentación del alma. En la tradición peruana, esto es conocido con el nombre de *Susto*. Al perder el alma parte de su energía, se va alejando del cuerpo y, gradualmente, la persona va presentando síntomas tales como desánimo, tristeza, depresión y hasta enfermedades físicas. Es como si perdiéramos partículas de nuestra alma. Son varios los motivos que llevan a una persona hasta ese estado. Puede ser la muerte de un ser querido, el desempleo, una separación, un trauma de infancia y otros tantos motivos. Los chamanes cuando se encuentran con estos casos entran en el mundo profundo con ayuda de su animal guardián, localizan el vínculo perdido del paciente y lo rescatan trayéndolo de vuelta mediante soplos en la cabeza y pecho de este. Según Mircea Eliade, en ese proceso de rescate el chamán abandona su cuerpo y va en busca del alma del paciente. Si el alma fue llevada por un muerto, el chamán envía sus espíritus auxiliares para buscarla, atraparla y traerla de vuelta. El rescate del alma o vínculo perdido es una práctica común en diversas tradiciones chamánicas alrededor del mundo. Se cree que cuando un individuo pierde una parte esencial de sí mismo, como la vitalidad, el alma o incluso los recuerdos, pueden ocasionarse desequilibrios emocionales, mentales y físicos. Los chamanes son considerados especialistas en navegar entre los mundos visibles e invisibles, siendo así capaces de acceder a esas partes perdidas y traerlas de nuevo hacia el paciente. Esta práctica se conoce como *recuperación del poder* (poder personal o autoestima, por ejemplo), o *recuperación del alma*.

El animal guardián es un aliado espiritual que auxilia al chamán es sus rituales, dándole orientación, protección y fuerza. Cada chamán puede tener uno o varios animales guardianes, los cuales son escogidos mediante sueños, visiones o intuiciones. Una vez encontrado el vínculo perdido del paciente, el chamán puede utilizar diferentes técnicas para traerlo de vuelta, como es el soplido en la cabeza y el pecho, que es una forma de enviar energía vital a la persona y ayudarla a reintegrar la parte recuperada. Otras prácticas comunes incluyen cantos, danzas, percusión y uso de plantas sagradas.

DANZANDO AL ANIMAL

Los chamanes y practicantes de chamanismo también pueden hacer aflorar el poder de su animal mediante la danza, en la cual permitimos que este se exprese a través de nuestro cuerpo y de nuestras cuerdas vocales. La danza es una forma de invocar a los espíritus animales. Según Harner, *danzar el animal* es una forma de mantenerlo satisfecho para que no piense en abandonarnos. Este autor añade que, así como el hombre desea sentir la realidad sobrenatural, el espíritu animal siente placer "entrando" en el cuerpo del ser humano. La danza del animal es una ceremonia chamánica milenaria cargada de un gran impacto energético.

FIGURA 6. El hechicero, pintura rupestre encontrada en la caverna de Trois-Frères, en Ariège, Francia, posiblemente hecha alrededor del año 13.000 a.C. Esbozo del arqueólogo francés Henri Breuil. (Licencia Creative Commons)

CEREMONIA PARA ENCONTRAR SU ANIMAL DE PODER (Tiempo de duración: 30 minutos aproximadamente)

Diríjase a un lugar tranquilo en el que no vaya a ser molestado.

Ponga una grabación con un sonido de tambor a un ritmo de entre 120 y 150 toques por minuto. Puede también pedir que alguien lo toque para usted. Acuéstese y relájese, respirando profundamente. Cierre los ojos y concéntrese en el sonido del tambor.

Imagínese un lugar en el que le gustaría estar relajándose, meditando en este momento (puede ser un bosque, campo, montañas, ríos, mar, etc.). Visualícese en ese lugar, reposando. Visualice como su cuerpo espiritual se desprende del cuerpo físico. Ahora su cuerpo espiritual comienza a moverse dentro del lugar de reposo hasta encontrar una abertura subterránea. Cuando la encuentre entre por ella, teniendo cuidado de no coger ningún objeto que encuentren el camino. En el caso de que algo obstruya su camino, no desista. Rodéelo y continue su camino. Visualice una puerta de entrada hacia el mundo profundo. Una vez frente a esa puerta, diga mentalmente: *Pido a mi animal guardián que venga a encontrarse con su parte humana. Ordeno que la puerta entre los dos mundos se abra para que se establezca contacto con mi animal.* Atravesando la puerta, observe que animal se acerca hacia usted. No utilice su parte racional una vez establecido el contacto. Abrace a su animal e intercambie caricias con *él.* Permanezca frente a él y hágale preguntas o peticiones. Al finalizar, despídase de él agradeciéndole por las enseñanzas. Vuelva hacia el túnel y regrese a su lugar de reposo. Vuelva a su cuerpo físico y permanezca unos minutos en reposo. Agradezca al Universo por la experiencia.

LAS CANCIONES DEL PODER

Los chamanes suelen tener sus canciones que son enviadas por sus espíritus guardianes para invocar su poder. Estos cantos recuerdan al chamán que se encuentra protegido por su espíritu animal. Generalmente, se utilizan en ceremonias, rituales de cura o situaciones difíciles.

MINHA GUARDIÃ

Águia , prá onde voas
Águia , prá onde vais
A voar, a voar, a voar, a voar
A voar, a voar, sem parar

Águia, o que tu buscas
Águia, o que tu procuras
A voar, a voar, a voar, a voar
A voar, a voar, lá no Céu

Águia, não me abandone
Guia meu caminhar
A voar, a voar, a voar, a voar
A voar, a voar, para mim

És minha Guardiã
Contigo não vou recuar
Vou voar, vou a voar,
vou voar, vou voar
Vou voar, vou a voar, com voçê

MI GUARDIANA

Águila para donde vuelas,
Águila para donde vas,
a volar, a volar, a volar, a volar,
a volar, a volar, sin parar.

Águila, lo que tú buscas,
Águila, lo que tú procuras,
a volar, a volar, a volar, a volar,
a volar, a volar, allá en el Cielo.

Águila no me abandones,
guía mi caminar,
a volar, a volar, a volar, a volar,
a volar, a volar, para mí.

Es mi guardiana,
contigo no voy a retroceder,
voy a volar, voy a volar,
voy a volar, voy a volar,
voy a volar, voy a volar, contigo.

CANÇAO DA
ÁGUIA DOURADA

A Hey
Ya ya ho hey hey no
Ya ya ho hey hey no
Ya ya hey ya

Ya ya ho hey
Ya ya ho hey hey no
Ya ya ho hey hey no
Ya ya hey ya

Eu sou
Águia Dourada
No horizonte
Sempre a voar

Vou subindo
E vou subindo
E neste vôo
Vou te levar

Navego
Rumo ao Sol
Rumo a
Lua também

E sua
Consciência
Vai se expandindo
Também

CANCIÓN DEL
AGUILA DORADA

A Hey,
ya ya ho hey hey no,
ya ya ho hey hey no,
ya ya hey ya.

Ya ya ho hey,
ya ya ho hey hey no,
ya ya ho hey hey no,
ya ya hey ya.

Yo soy
Águila Dorada
en el horizonte.
Siempre voy a volar.

Voy subiendo
y voy subiendo
y en este vuelo
te voy a llevar.

Navego
rumbo al Sol,
rumbo a
la Luna también.

Y tu
conciencia
se va expandiendo
también.

Relaxe sua mente
Cuida da respiraçao
Relaxando é que se chega
Neste Universo, meu irmáo

Eu faço
Minha morada
Se tu queres
Podes vir

Construo
Nas alturas
Prá ninguém
Poder subir

Deixe
Entrar o Amor
Que eu te mando
Meu irmáo

Relaja tu mente,
observa la respiración.
Relajando es que se llega
a este Universo, hermano mío.

Yo hago
mi morada,
si tú quieres
puedes venir.

Construyo
en las alturas
para que nadie
pueda subir.

Deja
entrar al amor
que yo te mando,
Hermano mío.

ANIMALES CHAMÁNICOS Y SU SIMBOLOGÍA

- **Abeja:** Es la medicina de la comunicación y el trabajo duro en armonía. Para obtener el néctar de la vida y la organización.

- **Águila:** Iluminación y visión interior. Generalmente, se invoca para conseguir poderes chamánicos, coraje y elevación del espíritu a grandes alturas.

- **Alce:** Resistencia, autoconfianza, competición, abundancia y responsabilidad.

- **Antílope:** Cautela, silencio y conciencia mística a través de la meditación. La acción y la calma.

- **Araña:** Es la Medicina de la creatividad. Para comprender mejor la "tela de la vida". Y el poder para realizar nuestros sueños.

- **Ballena:** Registros de la Madre Tierra. Sonidos que equilibran el cuerpo emocional. Representa nuestros orígenes.

- **Beija-Flor (Colibrí):** Es el mensajero de la cura y amor romántico.

- **Borboleta (Mariposa):** Autotransformación, claridad mental, nuevas etapas y libertad.

- **Búfalo:** Sabiduría ancestral, tolerancia, esperanza, espiritualidad, rezo y paz.

- **Cabra/Capricornio:** Es la medicina de la determinación para llegar a la cumbre. Nutrición. Bromas.

- **Cachorro (Perro):** Lealtad, habilidad para amar incondicionalmente y estar al servicio.

- **Camello:** Es la medicina de la conservación, la tolerancia y la resistencia.

- **Canguro:** Protección maternal y coraje para continuar en las dificultades.

- **Castor:** Nuevos canales de pensamiento, construcción, confort, paciencia y seguridad.

- **Cavalo (Caballo):** Poder interior, libertad de espíritu, viaje chamánico, fuerza y clarividencia.

- **Cisne:** Gracia, fidelidad, ritmo del Universo, ver el futuro, poderes intuitivos y fe.

- **Cobra (Serpiente venenosa):** Transmutación, cura, regeneración, sabiduría, psiquismo y sensualidad.

- **Conejo:** Fertilidad, crecimiento, abundancia y miedo. Agilidad y prosperidad.

- **Coyote:** Malicia, artificio, niño interior, confianza, humor y adaptabilidad.

- **Condor:** Representa el mundo superior. Al igual que el águila, el cóndor es uno de los hijos del Sol en Perú.

- **Coruja (Lechuza):** Habilidades ocultas, ver en la oscuridad, vigilia, la sombra y la sabiduría ancestral.

- **Cuervo:** Guardián de la magia, misterio, profecía, mensajero, dualidad y asistencia.

- **Doninha (Hurón):** Poderes ocultos, videncia, poder para ocultarse, observación y secretos.

- **Elefante:** Longevidad, inteligencia, memoria ancestral y antepasados enterrados.

- **Esquilo (Ardilla):** Diversión, planes futuros, reunión y visión de lo obvio.

- **Esturión:** Determinación, sexualidad, consistencia, profundidad y enseñanza.

- **Falcao (Halcón):** Precisión, rezo al Universo, mensajero, mirar alrededor, apertura, ver a distancia, oportunidades.

- **Formiga (Hormiga):** Comunidad perfecta, paciencia, trabajo duro, fuerza, resistencia, agresividad y examen cuidadoso.

- **Gaviota:** Habilidad de volar a través de la vida con calma y esfuerzo para los logros.

- **Gallo:** Sexualidad, fertilidad, ofrendas, ceremonias y altivez.

- **Gambá (Zarigüeya):** Campo de protección, respeto, reputación. Repeler a quien no es respetuoso.

- **Gato:** Entendimiento de los misterios, poderes mágicos, sensualidad, independencia, limpieza y experiencias que nos conectan con el mundo natural, con la tierra y las tradiciones ancestrales.

- **Girafa (Jirafa):** Calma, inspiración para alcanzar grandes alturas, suavidad y dulzura.

- **Golfinho (Delfín):** Pureza, iluminación del ser, paz, sabiduría, amor, armonía y comunicación.

- **Gorila:** Sabiduría, inteligencia, adaptabilidad, guardián de la Tierra y habilidades.

- **Guaxinim (Mapache):** Buen humor, limpieza, supervivencia, tenacidad, inteligencia y fiesta.

- **Hipopótamo:** Desarrollo psíquico, intuición, conexión tierra-agua y puesta a tierra.

- **Jacaré (Cocodrilo):** Instinto de supervivencia, inconsciente colectivo, el caos que procede a la creación.

- **Jaguar:** Búsqueda en las aguas profundas de la conciencia, mensajero, interacción entre mente y alma.

- **Javali (Jabalí):** Comunicación entre iguales. Expresividad e inteligencia.

- **Lagarto:** Optimismo, adaptabilidad y regeneración, sueños, renovación y transformación.

- **León/Leona:** Poder, fuerza, majestad, prosperidad, nobleza, coraje, salud, liderazgo, seguridad y autoconfianza.

- **Leopardo:** Rapidez, conocimiento del subconsciente y comprensión de aspectos sombríos.

- **Libélula:** Ilusión y vientos de cambio. Comunicación con el mundo elemental.

- **Lince:** Secreto, tradición, conocimiento de lo oculto y escucha para el crecimiento.

- **Lobo:** Amor, relaciones saludables, fidelidad, generosidad y enseñanza.

- **Macaco (Mono):** Inteligencia, buen humor, alegría, agilidad, pericia, irreverencia y amistad.

- **Minhoca (Lombriz de tierra):** Regeneración, resistencia, auto-cura y transformación.

- **Murciélago:** Renacimiento, iniciación, reencarnación y habilidades mágicas.

- **Onça (Pantera amazónica):** Acecho, protección territorial, silencio, observación y precisión.

- **Pantera :** Misterio, sensualidad, sexualidad, belleza, seducción, fuerza y flexibilidad.

- **Pato:** Desarrollo de la energía maternal, fidelidad, nutrición energética.

- **Pavo Real:** Protección psíquica, coraje, buena suerte, serenidad, lluvia, belleza y gracia.

- **Peru (Pavo):** Dar y recibir, trascendencia, regalos y celebración.

- **Pica-pau (Pájaro carpintero):** Regeneración, limpieza, comunicación, protección, invocación a la lluvia. El sonido que hace al golpear su pico en los árboles se relaciona con los espíritus del trueno.

- **Pingüino:** Vivir en comunidad, fidelidad y lealtad en las relaciones afectivas.

- **Pombo (Paloma):** Paz, comunicación y mensaje. En el cristianismo simboliza al Espíritu Santo.

- **Puercoespín.:** Fe, confianza, inspiración para logros, inocencia.

- **Puma/León de montaña:** Fuerza, iniciativa, misterio, silencio, supervivencia, velocidad, gracia, liderazgo y coraje.

- **Raposa (Zorro):** Habilidad, pericia, camuflaje, observación, integración y astucia.

- **Rata:** Versatilidad, alerta, introspección, percepción, satisfacción y aceptación.

- **Salmón:** Fuerza, perseverancia, nadar contra la marea, determinación, coraje.

- **Sapo:** Conectado con la lluvia, evolución, limpieza, transformación, misterio y humor.

- **Tortuga:** Estabilidad, organización, honor, longevidad, paciencia, resistencia, protección, experiencia, sabiduría. Madre Tierra.

- **Tatu (Armadillo):** Dota de armadura. Límites emocionales y protección a la salud.

- **Texugo (Tejón):** Agresividad, coraje, establecimiento de alianzas, persistencia y actuación en momentos de crisis.

- **Tigre:** Aproximación lenta, preparación meticulosa y saber aprovechar las oportunidades.

- **Toro:** Fertilidad, sexualidad, poder, liderazgo, protección y potencia.

- **Urso (Oso):** Introspección, intuición, cura, consciencia, aprendizajes y curiosidad.

- **Vaga-lume (Luciérnaga):** Iluminación, entendimiento, fuerza vital, luz y oscuridad, maravillas de la vida y la naturaleza.

- **Venado:** Delicadeza, gentileza, sensibilidad, gracia, alerta, adaptabilidad y conexión entre corazón y espíritu.

ANIMALES MÍTICOS

- **Caballo alado - Pegaso:** Deseo de elevación, transmutación, belleza, viaje astral, nuevas aventuras, misterio y fascinación.

- **Centauro:** Instinto animal, conexión hombre-animal, anarquía, sexualidad, fertilidad. Conocimientos de sanación (Quirón).

- **Dragón:** Potencia y fuerza viril, protección, kundalini, mensajero de la felicidad, calor, señor de la luvia, fecundación y fuerza vital.

- **Elefante blanco:** Fuerza, bondad, elección de caminos, conexión con extraterrestres, misterio.

- **Ave Fénix:** Renacimiento, fascinación, animal del Sol inmortalidad del alma, elevación, purificación.

- **Sátiro:** Libertinaje, diversión, impulso sexual, instinto y fantasías sexuales.

- **Unicornio:** Rapidez, mansedumbre, pureza, salvación, espiritualidad. Su único cuerno significa que él y el Padre son uno solo.

CAPÍTULO V

LA MAGIA DE LAS PLANTAS

> Dios dice:
> *Ved que yo os doy todas las hierbas que dan semilla sobre la Tierra y todos los árboles frutíferos, que contienen en sí su propia simiente, para que os sirvan de alimento.*
>
> GÉNESIS 1:29

Este capítulo aborda el uso mágico y ritual de las plantas más comunes en las prácticas chamánicas, dando recetas de baños de defensa y de sahumerios con hierbas medicinales. En la cultura de los pueblos de la selva amazónica el uso terapéutico de las plantas es milenario. Para los nativos de la lengua tupi, la Divinidad creadora del mundo animal y vegetal, de los cielos, de la tierra y de las armas, es Tupa, el espíritu del trueno. Éste enseñó a los hombres respecto a la agricultura era la caza y a los pajés les transmitió el conocimiento de las plantas medicinales y los rituales mágicos de cura. Las hierbas son poderosas aliadas de nuestra salud y el conocimiento sobre ellas es un valioso regalo que los chamanes dejaron como herencia a la humanidad. Los chamanes tenían la capacidad de comunicarse con los espíritus de las plantas, conocimiento que transmitían de padre a hijo.

En mi investigación terapéutica, me encontré con unas aliadas muy poderosas, las hierbas medicinales. Aprendí a amar a las hierbas. Estas suponen un precioso regalo que los chamanes dejaron como herencia para la humanidad. Los chamanes tenían la capacidad de comunicar-

85

se con el espíritu de las plantas, y tal conocimiento era pasado de padre a hijo. En este camino tuve la alegría de encontrar a una hermana muy querida, chamana, gitana y bruja, una hierba viva, llamada Maly Caran quien, sin restar mérito a los demás profesionales fitoterapeutas y herboristas, siento que es la persona con mayor relación espiritual con las plantas que he conocido hasta hoy.

En este capítulo publicaré también algunas recetas de su curso de hierbas medicinales.

Trabajar con plantas medicinales no es simplemente tomar infusiones. Es necesario saber cómo tratar cada tipo de hierba para cada tipo de situación. Por otro lado, de poco sirve querer conocer todos los tipos de hierbas medicinales y si conocer el bien aquellas con las que escoja trabajar, pues utilizar plantas es una cosa y conocer sus misterios, es la magia. El chamán, poeta y pintor onírico Mario Mercier, en su libro *Iniciación chamánica y magia natural*, describe como nadie el secreto de la magia de la selva.

En el libro *The secret life of plants*, Peter Tompkins y Christopher Bird, relatan experiencias científicas realizadas mediante galvanómetro, que es un componente del detector de mentiras, en las que comprueban que las plantas reaccionan de acuerdo con nuestros pensamientos. Como ejemplo de esto acostumbro a narrar una experiencia personal que tuve con una maceta de bico de papagayo (pico de papagayo), planta de cultivo ornamental asociada a la Navidad y que tiene innumerables propiedades medicinales. Todos los días por la mañana, cuando salía a trabajar, notaba que sus hojas se iban marchitando, hasta que un día escuché una voz interior que me preguntaba: *¿No te estás dando cuenta?* Al principio creí que se trataba de un pensamiento, pero la voz continuó: *¿Vas a ignorarme?* Me concentré procurando conectarme con la energía de la planta y percibí que el sitio donde la planta estaba la entristecía y robaba su energía. Con ayuda de un péndulo, constaté que la energía en el lugar en el que se encontraba la maceta entraba en conflicto con la planta. Inmediatamente, busqué un lugar más apropiado y la trasladé. El resultado del cambio se dejó notar en pocos días. Las hojas fueron cobrando color y brillo, dejando de marchitarse. Para los más escépticos quiero añadir que la planta estaba en el mismo ambiente, con luminosidad y altura similares.

TRABAJANDO CON LAS HIERBAS

Según Maly Caran, debemos tener el mayor cuidado y cariño con ellas, dado que son seres que nos auxilian en la vida terrena. Además de ello, conocer la manera cierta de plantar y recolectar, de prepararlas, de las fases Lunares, así como de sus contraindicaciones, son factores indispensables para trabajar con las plantas.

TIPOS DE PREPARACIÓN

- **Infusión**. Para las partes blandas de las plantas, hojas y flores. Se coloca la hierba triturada, en recipiente de porcelana, barro o vidrio, añadiendo agua hirviendo. Se deja en reposo durante unos 15 minutos, cubierta con un paño blanco,

- **Decocción**. Para la madera, raíces, semillas, tallos o partes duras de la planta. Se coloca la planta en un recipiente con agua fría y se coloca en el fuego durante un periodo que varía entre los 10 y los 30 minutos, dependiendo del tipo de planta. Existe un modelo básico, que sería el de la decocción a la mitad, que significa dejar que se evapore la mitad del agua inicial, aunque siempre dependiendo de la indicación específica de cada planta.

- **Maceración**. Principalmente para hojas y flores. Se colocan estas trituradas en un recipiente de porcelana, añadiendo agua fría. Se cubre el recipiente dejándolo reposar en un lugar fresco durante varios días, de pendiendo de cada planta. Esta preparación permite una mayor duración. La maceración se realiza también utilizando vino, alcohol, aceite o leche.

- **Filtrado**. Debe hacerse siempre con un filtro de algodón o lino. También se puede utilizar algún colador desechable.

- **Tintura**. Se prepara sumergiendo las hierbas en alcohol, principalmente de cereal. Coloque la hierba triturada en un recipiente de vidrio, preferiblemente vidrio ámbar, hasta un 30% del volumen de este. Añada alcohol hasta completar el 90% del total. El restante 10% complételo con agua destilada. Guarde el envase en un espacio oscuro, o entiérrelo durante entre 20 y 30 días.

- **Ungüentos**. Para uso externo. Deben utilizarse 3 partes del jugo de la planta para cada 10 partes de vegetal. Cocinar al baño María, durante una hora.

- **Compresas**. Para heridas y golpes. Debe lavarse bien la planta antes de aplicarla en las heridas. La planta se aplica directamente sobre la piel, atándola con un cordón bien apretado. También se pueden aplicar compresas con infusiones y tinturas, en cuyo caso se recomienda utilizar un paño de algodón empapado en el líquido, doblado 3 veces. Colocar encima un trapo seco.

- **Polvo**. La corteza y las raíces se puede moler hasta hacerlas polvo. En este caso, deben estar bien secas antes de su molienda.

- **Jarabes**. Se utiliza hierba tanto seca como verde, triturada. Se añade una taza de agua hirviendo y se deja reposar unas 2 horas. Después se filtra y se adiciona azúcar morena derretida o miel, en proporción de 1:1. Se puede también añadir extracto de própolis como conservante.

- **Baños**. Se pueden preparar con infusiones y con maceraciones en frio.

- **Sahumerios**. El efecto es mejor si utilizamos el material mágico adecuado, como conchas y quemadores de carbón.

Las plantas nacidas en su propio hábitat tienen mayor fuerza que las cultivadas. Según Maly, la planta que crece de forma natural en su jardín es la que necesita para su cura. Cuando vamos a recoger plantas, es importante darse cuenta si no estarán demasiado cerca del asfalto, dado que podrían estar afectadas por los gases de los coches. También debemos verificar si en la zona se utilizan agrotóxicos.

CEREMONIA DE LIMPIEZA Y PURIFICACIÓN
(Nativos Norteamericanos)

Generalmente, esta ceremonia se realiza utilizando salvia. Esta planta tiene la cualidad mágica de limpiar el aura, expulsando la negatividad. También es común el uso de la Sweet Grass (Hierochloe Odorata o hierba de búfalo), para atraer energía positiva, del Tabaco, que absorbe tanto la positiva como la negativa, así como el cedro.

Se coloca la hierba en una concha de nácar, que representa al elemento Agua. La propia planta representa al elemento Tierra. El elemento Fuego se hace presente en el momento de la quema.

La defumación o limpieza con humo, se realiza con la ayuda de una pluma, que representa al elemento Aire.

Invoque al espíritu de la planta, solicitando su poder de limpieza.

Mirando hacia el Este y enviando el humo hacia delante, diga: "Espíritu del Este, de donde viene la luz. Portal del espíritu y del elemento Fuego, ilumíname."

Gire en sentido horario hacia el Sur y, enviando el humo en esa dirección, manifieste: "Espíritu del Sur, donde el Sol es fuerte. Portal de las emociones, sentimientos y del elemento Agua, fortifícame".

De nuevo en sentido horario, gire hacia el Oeste y realice la misma tarea mientras dice: *Espíritu del Oeste, donde el Sol se pone. Portal del cuerpo y del elemento Tierra, transfórmame.*

Finalmente, rote hacia el Norte, diciendo en esta dirección: *Espíritu del Norte, donde el Sol descansa. Portal de la mente y del elemento Aire, enséñame.*

Vuelva a encarar la dirección Este y, enviando humo hacia arriba al tiempo que mira hacia lo alto, diga: *Gran fuerza masculina tras todo lo que existe. Abuelo del cielo, dame Poder.*

Sin cambiar su posición, envíe el humo hacia abajo mientras mira hacia el suelo y manifieste: *Gran fuerza femenina tras todo lo que existe. Madre Tierra, nútreme.*

Puede también reverenciar a los Tres Mundos, Superior, Intermedio y Subterráneo, al Cielo y a la Tierra.

Una vez hecho esto dirija el humo hacia sí mismo, comenzando por los pies y subiendo hasta la cabeza, realizando 4 recorridos completos.

Esta limpieza se puede hacer tanto a espacios como a personas. En el caso de tratarse de espacios, defumar en todos los rincones, terminando siempre en la puerta de salida.

BAÑOS DE DEFENSA

Para ello se utilizan varias plantas, entre las que destaco: romero, lavanda, guiné (Petiveria alliacea o cola de zorrillo), espada de San Jorge, ruda, Tabaco, comigo-ninguem-pode (Dieffenbachia), laurel y albahaca. En algunos casos se mezcla con sal gruesa, azufre y resinas. Triture las hierbas con las manos, colóquelas en un recipiente y añada agua hirviendo o, todavía mejor, déjelas macerar durante siete días. Al terminar su ducha o baño normal, vierta el contenido de la vasija, distribuyendo por todo el cuerpo.

DEFUMACIÓN SIMPLE[15]

Con la ayuda de un incensario, coloque carbón encendido y sal gruesa sobre las brasas. La sal gruesa atrae las partículas de negatividad, que son quemadas mediante las brasas. Añada las hierbas. Se pueden utilizar las llamadas "Hierbas de Jurema", que es una entidad espiritual de la Umbanda que, tal como Ossae en el Candomblé, custodia los secretos de las plantas y las hierbas. Estas

---

15   N del T. Ver nota 13

son: ruda, guiné, romero, benjoin (benjuí o styrax ben-
zoin) y lavanda. Puede también usarse la artemisa, albahaca, laurel, salvia, Tabaco, etc.

PONTO DE DEFUMAÇAO

Defuma com as ervas da Jurema
Defuma com Arruda e Guine,
Alecrim, Benjoin e Alfazema
Vamos defumar filhos de fé.

Defuma con las hierbas de la Jurema.
Defuma con Ruda y Guiné,
romero, Benjuí y Lavanda.
Vamos a defumar hijos de fe.

OTRO PONTO DE DEFUMACIÓN

Defuma, defumador
Esta casa de Nosso Senhor.
Defuma, defumador
Esta casa de Nosso Senhor.

Defuma, defumador
esta casa de Nuestro Señor.
Defuma, defumador
esta casa de Nuestro Señor.

Leva pras ondas do mar
O mal que aquí possa estar
Leva pras ondas do mar
O mal que aquí possa estar

Lleva a las olas del mar
el mal que aquí pueda haber,
lleva a las olas del mar
el mal que aquí pueda haber.

USO RITUAL DEL TABACO

Desde la aparición de la Mujer Búfalo Blanco a los nativos norteamericanos, el Tabaco fue considerado como una planta que trae claridad, aunque, tal y como dijimos anteriormente, todo lo que está vivo tiene su lado de sombra. Cuando el Tabaco es utilizado con conciencia, purifica, transforma las energías negativas en positivas y sirve como mensajero. Cuando no puede llegar a matar (vicio del Tabaco).

Se considera Sagrado al ser el mensajero que conduce nuestros rezos al Universo. Es utilizado en el chamanismo de forma universal. En Perú se fuma en un ritual tanto en Pipa (cachimbo), como mediante cigarros. En Brasil se utiliza también en todas sus modalidades, como cigarro, cachimba, puro, polvo, melaza, defumación, baños, compresas. Tanto el polvo como la melaza de Tabaco son considerados elementos importantes en algunas tradiciones chamánicas del Perú, como las de Ayahuasca y San Pedro (wachuma). El polvo de Tabaco, también conocido como rapé, es una mezcla de Tabaco molido con cenizas de diferentes plantas, que es inhalada o soplada a través de la nariz de las personas, durante las ceremonias chamánicas. Este rapé tiene propiedades medicinales y puede ayudar a limpiar las vías respiratorias, purificar el cuerpo y mejorar la percepción espiritual. La melaza de Tabaco, conocida con el nombre de Já, está hecha a partir de Tabaco hervido con agua y miel, mezcla que se añade a alguna bebida, generalmente Ayahuasca. Los chamanes peruanos creen que la melaza de Tabaco puede ayudar a intensificar las visiones y la conexión con el mundo espiritual. No obstante, es importante resaltar que tanto el rape como la miel de Tabaco son considerados sustancias tóxicas y pueden causar daños a la salud.

COMPRESA DE TABACO PARA ELIMINAR ENERGÍA NEGATIVA

Para medio litro de agua, añádanse 4 cucharadas soperas de hojas secas de Tabaco o de Tabaco encordado y colóquelo en el fuego hasta que hierva. Cuando esto ocurra, déjelo durante 5 minutos a fuego lento y retírelo dejando que repose durante 15 minutos cubierto con un trapo blanco. Después cuélelo. Coja un trapo lo suficientemente grande como para cubrir todo su abdomen, empápelo en la infusión de Tabaco y colóquelo sobre el vientre desnudo durante media hora.

Esta compresa retira energías emocionales estancadas, formas de pensamiento negativas, traumas, etc.

OFRENDA DE TABACO

En el chamanismo utilizamos también el Tabaco para honrar a los espíritus de la naturaleza, para abrir portales en la floresta. Para honrar a la creación.

Aquí, en Brasil, es muy común la ofrenda de Tabaco en rituales de Candomblé y Umbanda, mediante puros.

TABACO COMO INSECTICIDA

En lugar de utilizar productos químicos podemos usar defensas agrícolas que produce la propia naturaleza. Una de estas defensas es el Tabaco, principalmente para combatir pulgones y otras plagas. Haga una maceración en frío con 50 gramos de Tabaco durante 24 horas. Ponga la mezcla en una olla, añadiendo 20 guindillas, una cuchara sopera de ceniza cribada, un trozo de jabón de coco y un puñado de ajenjo. Cocínelo durante 20 minutos. Cuélela una vez frío. Para utilizarlo con las plantas diluya un vaso de esta solución en 3 litros de agua y después pulverice sobre ella.

LAS PLANTAS MÁS UTILIZADAS EN EL CHAMANISMO

- **Alecrim (Romero).** En la defumación se utiliza para alejar a los espíritus malignos. También atrae a las abejas y repele a las moscas. Se puede colocar debajo del cabecero para alejar los malos sueños o colocarse en la oreja cuando vamos a lugares con energía negativa. Es bueno para dar claridad mental.

- **Alfazema (Lavanda).** Para limpieza de ambientes y personas. Para atraer el amor.

- **Arruda (Ruda).** Fortalece la voluntad y aleja el mal de ojo. Atrae la felicidad. Se puede utilizar en baños, defumación y también en la parte trasera de la oreja. Se usa también en la fabricación de amuletos y en rituales de bendición.

- **Artemisa.** Para alejar a los espíritus malignos. En acupuntura, se aplica como moxabustión. Es muy utilizada en Oriente.

- **Manjericão (Albahaca).** Se usa principalmente en baños de purificación y limpieza de ambientes. Se utilizaba en los procesos de momificación del antiguo Egipto.

- **Milho (Maíz).** Tiene un significado especial para los practicantes de chamanismo, siendo el símbolo de la fertilidad y abundancia. Ofrecemos harina de maíz a los espíritus. Sus granos dorados reflejan la luz del Sol y representan las semillas del futuro y el alimento del presente. Simboliza la abundancia, la prosperidad. Algunos chamanes utilizan las espigas secas como varitas de mago.

- **Salvia**. Además de la salvia propiamente dicha (Salvia Officinalis), los nativos norteamericanos usan la variedad Sagebrush, que es un tipo de artemisa, para ceremonias de limpieza. Dicen que dormir con salvia bajo el cabecero nos ayuda a que los sueños se hagan realidad.

- **Sweet Grass**. Es la hierba dulce americana o Hierochloe Odorata. No debe ser confundida con el Funcho (Foeniculum Vulgare). También se conoce entre los nativos norteamericanos como cabello de mujer, porque crece en forma de trenza. Es muy utilizada en rituales de limpieza, en los temazcales o inipis y en las ceremonias de Pipa Sagrada (Chanupa). Evoca buenos espíritus.

- **Urucum**. Su poder se concentra en su tinta. Se utiliza por los nativos del Amazonas en la fabricación de colorantes y pinturas rituales corporales.

LOS PERFUMES

Expresiones como: *¡Aromas que nos hacen la boca agua!* *¡Algo huele mal!*, nos muestran cómo los olores influyen en nuestro mundo astral. El sentido del olfato interviene principalmente a nivel inconsciente. Los nervios olfativos están conectados directamente con la parte más primitiva de nuestro cerebro, el sistema límbico. Algunos experimentos realizados con animales con el olfato dañado han revelado que estos pierden la capacidad de discernimiento y memoria, comiendo cualquier cosa que se les presenta. También los niños que tiene la nariz obstruida tienen más dificultad para centrar la atención.

Toht, el dios egipcio, consideraba a la nariz como el cráneo del cerebro rinencéfalo. Los centros cerebrales están conectados con las fosas nasales y, por tanto, con el sentido del olfato.

Fue en una vivencia chamánica cuando desperté a la magia de los aromas. Estaba en pleno estado alterado de conciencia, cuando percibí varias fragancias en mi nariz. Pero nadie estaba utilizando perfumes. Pude comprender que había sintonizado con un nivel vibratorio de las fragancias universales. Los olores se alternaban y yo podía comprender la utilidad de cada uno de ellos. Entendí que las fragancias afectan a nuestra disposición, deseos, voluntad, clama, salud, etc. También pude recordar una vida pasada en la que fui perfumista, en Egipto. El sacerdote egipcio supervisaba las preparaciones en los templos leyendo fórmulas y entonando cánticos mientras los discípulos mezclaban los ingredientes. Quemaban betún para reconocer la predisposición a la epilepsia en sus pacientes. Al medio día, cuando el aire se volvía más pesado, debido a los vapores que se elevaban de la Tierra, quemaban mirra.

Los egipcios idearon la destilación del vino y de la resina de cedro. En todo el reino, los perfumistas tenían un óptimo funcionamiento nasal, que es sinónimo de un buen equilibrio psicosomático. Utilizaban varios componentes para embalsamar, entre ellos la albahaca.

E.A. Wallis Budge, antiguo encargado de las antigüedades egipcias del British Museum, en su libro *Egyptian Magic*, esboza un relato interesante sobre el descubrimiento de un papiro titulado *El ritual de embalsamamiento*, del cual transcribo literalmente una parte:

... El perfume de Arabia fue traído para hacer perfecto tu aroma entre el aroma de los Dioses. Hasta aquí han sido traídos líquidos que han llegado de Ra para hacer perfecto tu olor en la sala (del juicio). El alma olorosa del Gran Dios contiene tan suave perfume, que tu rostro jamás cambiará o perecerá... Tus miembros se volverán jóvenes en Arabia y tu alma aparecerá sobre tu cuerpo en Taneter (Tierra Divina).

Tras esto, el sacerdote debía tomar un vaso de líquido que contenía diez perfumes y los derramaba sobre el cuerpo, desde la cabeza a los pies, dos veces, teniendo el máximo cuidado para ungir perfectamente la cabeza. Después decía:

... Osiris (el muerto), recibiste el perfume que hará perfectos a tus miembros. Recibiste la fuente y tomaste la forma del gran disco, que se ha unido a ti para dar forma duradera a tus miembros. Únete a Osiris en la Gran Sala.
El ungüento te ha sido dado para moldear tus miembros y alegrar tu corazón, y tú aparecerás en la forma de Rá. Te llenarás cuando llegues al firmamento y al anochecer derramarás tu perfume más allá de las provincias de Aquert... Recibiste el óleo de cedro en Amenent y el cedro que era de Osiris llegó hasta ti. Este te libró de tus enemigos y protegió tus tierras. Tu alma se iluminó sobre los venerables sicomoros. Llamaste a Isis y Osiris escuchó tu voz al tiempo que Anubis se acercó a ti para llamarte. Recibiste el óleo de los padres de Manu, que vienen de Oriente y Rá se irguió sobre ti en las puertas del horizonte, las sagradas puertas de Neit. Fuiste hacia allá y tu alma está en el cielo superior mientras tu cuerpo permanece en el cielo inferior. ¡Oh, Osiris! ¡Que el ojo de Horus haga que el maná que viene de él llegue hasta ti a tu corazón para siempre!

En el cristianismo también podemos observar la importancia dada a los aromas. El pequeño Jesús recibió tres ofrendas de los magos de Oriente, dos de las cuales eran aromáticas. Gaspar, el rey de la India, ofreció incienso a Jesús, simbolizando su Divinidad y Baltasar, rey de Arabia le ofreció mirra, que representa la inmortalidad.

Una forma de trabajar con los perfumes es por medio de los aceites esenciales, que son extractos altamente concentrados y no deben ser confundidos con esencias, que son maceraciones de hierbas, o sustancias químicas que producen olor. Son la extracción del aceite contenido en la propia planta. El porcentaje de aceite presente en las plantas varía entre el 0,01% y el 10%. Se extraen a través de un proceso semejante al utilizado por los alquimistas. El aceite esencial es la quintaesencia de la alquimia y contiene las hormonas propias de la hierba. Es el alma de la planta.

En la Edad Media, en los tiempos del cólera, los perfumistas raramente enfermaban, debido a que los aceites esenciales tienen propiedades antisépticas. Según la visión de la antroposofía, los aceites esenciales son producidos por la actividad solar. Son las manifestaciones de las fuerzas cósmicas del fuego, generadas por el "Ser Cósmico" de la planta y por eso mismo indicados para el cuerpo astral.

Cuando desarrollé el masaje chamánico, o masaje holístico, me preocupé de estudiar las técnicas de preparación de aceites para el cuerpo, a fin de poder aportar "algo más" a mis pacientes. Cada aceite tiene su propio efecto curativo y, juntando el conocimiento de las técnicas de preparación, una materia prima de calidad y también el conocimiento de las necesidades de los pacientes, el terapeuta puede obtener un resultado más eficaz.

Los aceites esenciales provienen principalmente de Francia e India. Fue en Francia donde el entonces perfumista Rene-Maurice Gattefosse acuñó el término aromaterapia. Gattefosse se inició en el mundo de los aromas como terapia, a raíz de un accidente personal en su laboratorio, en el que, debido a una explosión, se quemó gravemente la mano, la cual sumergió de forma inmediata en una vasija que contenía aceite esencial de lavanda. Se asombró al constatar que no solamente el dolor se aliviaba, sino que también recuperaba la condición de la piel afectada.

Los aceites, cuando son puros, se pueden ingerir, inhalar, usar en baños o en compresas. La manera en que yo los utilizo es como óleos para el cuerpo. En mis clases de la Rueda de Estudios de Chamanismo Universal, los alumnos aprenden a producir de forma artesanal sus propios aceites. Mi preocupación por la calidad hace que reduzca su producción exclusivamente a lo necesario para mis alumnos y pacientes. A nivel técnico utilizo la receta de Shirley Price, contenida en su libro *Guia práctica de Aromaterapia*.

Es importante estar atentos, dado que existen en el mercado aceites de cuerpo con bases minerales. Estas bases, que son portadoras para las esencias, deben ser puras y de origen vegetal, dado que las que tienen origen mineral son meros lubricantes y no sirven para uso terapéutico, pues no penetran profundamente en la piel.

RECETA PARA UNA BUENA BASE

Para 50 ml.
-5% de aceite vegetal de aguacate.
-5% de aceite vegetal de germen de trigo.
-Completar la cantidad con aceite vegetal de semilla de uva.
-Aceite esencial = entre 10 a 15 gotas, dependiendo del aroma.

Tras la preparación, los óleos deben ser acondicionados en frascos de vidrio ámbar, pues la luz perjudica al efecto terapéutico del aceite. La combinación de esos tres aceites vegetales nutre la piel, combate las arrugas y descamaciones, proporciona bienestar, el cuerpo no queda pringoso y no deja manchas. Además, penetra profundamente en la piel.

Producir un óleo es como crear un ser. Cuando formulamos la base, estamos creando el cuerpo material del aceite. Al añadir los aceites esenciales, se dota a ese cuerpo de un alma. Siendo consciente de esto, preparo un ambiente propicio para la preparación de los aceites. Purifico el local, trabajo con piedras de cura, escucho músicas egipcias y, sobre todo, lo hago con mucha intención y amor.

ALGUNOS ACEITES Y SUS PROPIEDADES MÁGICAS

- **Alecrim (Romero).** Es un aceite solar. Se utiliza para la protección contra magia negra. Actúa sobre el cuerpo astral, la falta de memoria y el agotamiento. Destruye el odio y domina el miedo. Está también indicado para baños rituales. Tiene efecto antidepresivo y se utiliza en casos de bronquitis, corazón, dolor muscular, el pelo y la piel seca.

- **Alfazema (Lavanda).** Es el aceite de mercurio. Se utiliza en las curas, para mejorar las finanzas, acumular energía y tranquilizar las relaciones. Está indicado como cicatrizante, para las quemaduras, retención de líquidos, gases, como calmante del cuerpo astral, jaquecas, síndrome premenstrual, palpitaciones, insomnio y piel aceitosa.

- **Cravo (Clavo).** Es el aceite de Júpiter. Se utiliza para ungir, curar y energizar. Es afrodisiaco, anestésico, bueno para el dolor de dientes, vías respiratorias y urinarias. Para la falta de memoria.

- **Folha de laranjeira (Hoja de naranja).** Aceite del Sol. Se usa para curas. Es clarificador de la mente. Tiene efecto refrescante. Bueno como antidepresivo, contra el cansancio mental, la confusión y ansiedad. Es estimulante.

- **Folha de canela (Hojas de canela).** Óleo de Marte. Utilizado para ungir. Fortalece y revitaliza el aura. Es antiparasitario, estando indicado contra piojos, sarnas. También para la circulación sanguínea.

- **Gengibre.** Es también óleo de Marte. Su aroma es caliente y es utilizado como energizante físico y sexual. Se utiliza contra la impotencia, en problemas respiratorios, dolores musculares, fiebre, problemas de garganta, diarreas y jaquecas.

- **Ilangue-Ilangue (Ylang Ylang).** Aceite de Mercurio. Se usa en ritos sexuales, dado que activa esta energía. Su nombre significa "la flor de las flores". Es afrodisiaco e indicado para frigidez, impotencia, rabia, miedos y frustraciones.

- **Menta Piperita**: Es aceite de Venus. Aleja el mal y atrae cosas buenas. Aclara las ideas y calma los nervios. Para náuseas, dolor muscular, problemas respiratorios, fiebre, depresión y agotamiento.

- **Pachouli**: Óleo de Marte. Aleja el mal y la negatividad, facilitando separaciones amistosas. Descongestiona y tiene efecto anti bactericida, contra herpes, piel estriada y arrugas. Es regenerador de tejidos, estando también indicado en casos de ansiedad y depresión.

- **Salvia**: Aceite de Júpiter. Utilizado para purificar, curar y restablecer energías. Para debilidad general, problemas respiratorios, úlceras, esterilidad, hipotensión, preparación para el parto, problemas nerviosos. Efecto depurativo.

LOS ÁRBOLES

Según Mario Mercier, los árboles son seres que se encuentran cabeza abajo. Sus raíces representan la cabeza y según es la formación de sus ramas, se revela su psiquismo. En el chamanismo norteamericano son conocidos como *Seres en pie*. Los portales de la floresta son marcados por árboles que tienen el mismo tamaño y posición, formando una entrada en línea recta. Antes de atravesar el portal, debemos ofrecer Tabaco y harina de maíz.

CEREMONIA DEL ÁRBOL EN FLOR

Es muy común, entre las terapias corporales, el abrazar a un árbol para recuperar energía. Existen muchos rituales de este tipo, en los que se abraza a los árboles. Este que voy a describir aquí, implica un trabajo con su sistema de creencias.

1- Escoja un árbol para abrazar. Lleve para esta ceremonia un trozo de papel y un bolígrafo. O si lo prefiere, una grabadora de sonido. Pregunte al árbol:
   ¿Estás dispuesto a escucharme?

2- En el caso de que sienta que la respuesta es negativa, podría suceder que se trate de un árbol enfermo. En cuanto obtenga una respuesta positiva, coloque Taba-

co o harina de maíz al pie del árbol. Siéntese de espaldas al mismo, mirando al sur y pregunte:
¿Por qué niego u oprimo mis emociones?

3- Esta pregunta es la llave para abrir el álbum mitológico de su familia. En algunos casos, hasta podrá ver una especie de película sobre las emociones familiares. Pregunte al árbol:
¿Cuáles son los sistemas de creencia que recibí de mi familia?

4- Levántese y rodee el árbol en sentido horario, sentándose en dirección al norte y pregunte:
¿Cuáles son los sistemas de creencia que bloquean mi inspiración?

5- De nuevo gire en sentido horario, sentándose frente al oeste y pregunte:
¿En qué forma falto al respeto a mi cuerpo físico?

6- Levántese y gire en dirección al este, preguntando:
¿Cómo pongo resistencia a mi fuego creativo? ¿Por qué tengo miedo de mi verdadera creatividad?

7- Verificar si hay puntos de desequilibrio frente a donde se siente la energía más equilibrada. Terminar la ceremonia despidiéndose y dando gracias al árbol.

CONEXIÓN CON EL ESPÍRITU DE LAS PLANTAS

Primeramente, es necesario tener mucha calma y paciencia para sintonizar con los espíritus vegetales. La conexión se establecerá únicamente con una mente limpia y relajada. Puede usted viajar con su animal de poder y pedir que este los lleve a conocer su planta personal. También puede meditar sobre la propia planta, aprendiendo con ella respecto a sus cualidades y forma de preparación, tal y como hacían los chamanes.

CAPÍTULO VI

LAS PLANTAS DE PODER

Las plantas fueron unas de las primeras formas de vida vegetal en la Tierra y tienen una profunda relación con el Sol y la Luna. De las plantas se obtienen los principios activos utilizados en los medicamentos. Además de ello, algunas plantas transportan la mente humana a regiones de maravillas espirituales, alterando nuestra conciencia, llevándonos al mundo profundo y reconectándonos con nuestros ancestros.

El uso de las Plantas Sagradas forma parte de la historia humana desde hace milenios. No deben confundirse con "drogas", que causan dependencia y ponen en riesgo la salud de quien las usa. Cada Planta Sagrada contiene un Ser en su esencia. Nada de lo que Dios creó es malo o droga. Las drogas son creación del ser humano. Por falta de conocimiento, algunas personas tildan a las plantas de poder, como psicodélicas, alucinógenas, tóxicas, drogas, etc., cosa comprensible, dado que las personas que juzgan de este modo generalmente no tienen el coraje necesario para conocerlas verdaderamente.

Como ya dijimos anteriormente, todo cuanto existe en el Universo tiene su lado luminoso y su lado sombrío. Basta con que sepamos en qué dimensión del ser queremos trabajar nosotros. Las plantas de poder, en su dimensión luminosa, son consumidas en rituales. Obedecen a preceptos mágico-religiosos, proporcionando así sanación, autoconocimiento y expansión de conciencia. En el chamanismo, incluso entre los practicantes que no utilizan plantas de poder, existe comprensión y respeto a su fuerza. Se las conoce como plantas maestras, de conocimiento, sagradas o de poder.

El objetivo de este capítulo no es incentivar al lector al uso de plantas de poder, pero sí cumplir con el compromiso personal de dejar registrado el resultado de mi investigación personal y la experiencia adquirida durante mi recorrido en el camino del chamanismo. Sin preconceptos o deslumbres. El uso de las plantas de poder en el chamanismo es opcional e individual y no invalida otros métodos de alteración de la conciencia. Tales como el uso de tambores, danzas, meditaciones, respiraciones, música, etc.

Muchos estudiosos, científicos y antropólogos que han escrito sobre chamanismo tuvieron experiencias con plantas maestras, pero eso no significa que continúen utilizándolas. Entre ellos, destacamos a Aldous Huxley, Alex Polari, Bruce Lamb, Carl A. Hammerschlag, Carlos Castaneda, Edward McRae, Fred Alan Wolf, Michael Harner, Terence Mckenna, Timothy Leary y William Borroughs.

Las plantas de poder, en sus diferentes especies, forman parte de rituales de chamanismo en el mundo entero, con excepción del pueblo esquimal dado que no crecen plantas en la nieve. Una exploración más profunda sobre las plantas maestras será el objeto de mi siguiente libro, que pretendo que sea dedicado exclusivamente a este tema.

Desde la llegada de las obras de Carlos Castaneda, se abrió una puerta para la observación del uso de plantas para la expansión de la conciencia, aunque hay registros de su uso ancestral en algunas Escrituras Sagradas. Se sabe, por ejemplo, que los sacerdotes védicos utilizaban el *Soma,* para entrar en contacto con el Reino Celestial. También el rey Salomón era un maestro en el conocimiento de algunas plantas de poder. Los druidas tomaban pociones que les conferían fuerza y coraje. Pero ha sido entre los pueblos indígenas, que se tiene un relato más preciso de su utilización.

Hoy día existen comunidades religiosas que usan plantas de poder cono sacramento de sus rituales. Entre otras destacamos la Iglesia Nativa Norteamericana, que utiliza el Peyote, el Catimbo, que usa la planta Jurema, el Santo Daime, Unión del Vegetal y Barquinha, que usan la Ayahuasca y los Rastafaries, que consagran el Hachís.

Las plantas de poder aumentan la percepción, la agudeza visual y auditiva y transportan al practicante hacia otras regiones vibracionales o dimensionales. La experiencia es individual. Algunas personas tienen visiones, otras canalizan mensajes de otros planos, algunos hacen regresiones a vidas pasadas, reciben enseñanzas o respuesta para sus problemas. Algunos perciben las causas de sus males y reciben cura para ellos, o se conectan con arquetipos, símbolos que están en el inconsciente colectivo, mitos. Hay quien resuelve miedos y traumas, tiene contacto con entidades espirituales o realiza viajes astrales. En definitiva, el uso ritual de las plantas sagradas proporciona sin duda una experiencia místico-religiosa, de una belleza incomparable, proporcionando el samadhi, éxtasis o nirvana, el encuentro con el Ser Superior, el trance. El término "alucinógeno" está actualmente viéndose sustituido por "enteógeno" derivado del griego *entheos*, que significa *Dios dentro*.

Hay una enorme riqueza de plantas de poder en la Madre Tierra. Solamente en Brasil se conocen alrededor de 200 especies. A continuación, haremos una descripción de las más conocidas en el Universo chamánico.

AMANITA MUSCARIA

Se trata de una seta de color rojo, con manchas blancas. Se utiliza fundamentalmente en el chamanismo siberiano. Algunos investigadores afirman que esta seta es también el Soma hindú.

AYAHUASCA
(BANISTERIOPSIS CAAPI Y PSYCOTRIA VIRIDIS)

La bebida Ayahuasca, fruto de la decocción de la liana banisteriposis y la hoja psycotria, es conocida también bajo otros nombres, como Daime, Vegetal, Yagé, Caapi, Nixi Honi Xuma y otros. Su principal denominación, Ayahuasca, es de origen quechua. Su uso se remonta a los pueblos precolombinos, como los Incas y es muy utilizada actualmente entre los pueblos indígenas del Amazonas. Es también conocida como el *Vino del alma, la Pequeña Muerte* o *la Liana de los Espíritus*. Es la bebida sacramental utilizada en los rituales del Santo Daime, Unión del Vegetal y la Barquinha. También tiene un uso habitual entre los chamanes peruanos, bolivianos y ecuatorianos.

CANNABIS SATIVA

Original de Asia, es la planta de la que se extrae el Hachís y el Kif. Esta planta se cita en el Antiguo Testamento, cantada y alabado por el rey Salomón, que la llamaba Kalamo. En Brasil era conocida por los esclavos africanos, quienes sabían de sus propiedades. En China se utilizaba con fines terapéuticos, como anestésico. También otros pueblos africanos y asiáticos la utilizaban contra la tos, dolores de cabeza y cólicos menstruales.

Los derivados del cannabis se emplean hoy día para tratar enfermedades neurodegenerativas, como el Parkinson y Alzheimer, cuadros de epilepsia, autismo, ansiedad, depresión, TDH (trastorno de déficit de atención), y también en el alivio de procesos que causan dolores crónicos, como la fibromialgia. Se utiliza también como auxiliar en el tratamiento de SIDA y cáncer. Según el portal de internet de la Cámara de Diputados de Brasil en junio de 2021, una comisión especial de la citada Cámara, que analizó el proyecto de Ley 399/15, emitió un poder favorable a la legalización del cultivo de Cannabis Sativa en Brasil, exclusivamente para usos medicinales, veterinarios, científicos e industriales. En 2022, el Consejo Federal de Medicina (CFM), publicó una nueva resolución sobre la prescripción del cannabis medicinal en el país. El texto actualiza la orientación, en vigor desde 2014 que fue la primera norma que regularizó el uso de medicamentos con base en la citada planta, en Brasil. En enero de 2023, la Ley 17.618/2023 instituyó en el Estado de Sao Paulo la política estatal de abastecimiento gratuito de medicamentos con base de cannabidiol. Fue sancionada, una vez que la Asamblea Legislativa aprobó la proposición de Ley, en diciembre del año pasado (2022)

COCA
(ERYTHROXYLON COCA)

No debe confundirse con la droga llamada *cocaína*. Nos referimos aquí a la hoja en su estado natural.

En Perú es considerada como la síntesis de las plantas de poder. Sus hojas se utilizaban por parte de las sacerdotisas en juegos adivinatorios. La hoja de coca es mascada, en forma ritual junto a una resina llamada lifta extraída de un arbusto de la familia de las solanáceas originario de los Andes, el cual es utilizado tradicionalmente en la cultura andina como complemento a las hojas de coca, pues ayuda a potenciar sus efectos estimulantes y energizantes. Tanto en Perú como en Bolivia (IPADU), tiene actualmente un importante papel para la industria de las infusiones.

COGUMELO
(HONGO STROPHARIA CUBENSIS)

Este hongo era considerado como sagrado por los Mayas. Crece en el estiércol de los cebús, que es muy rico en nutrientes, y es muy utilizado en América Central. Generalmente, se toma masticado o en forma de infusión.

JUREMA NEGRA
(MIMOSA HOSTILIS)

También conocida como *Espino Negro*. Es un árbol muy conocido en el nordeste brasileño. Se utiliza su corteza y raíz, maceradas en agua, vino o cachaza. De esta planta se produce el famoso "Vino de la Jurema", que es citado en la obra "Iracema" de José de Alencar. Se utiliza en rituales de Catimbó y pajelanças[16].

PEYOTE
(LOPHOPHORA WILLIAMSII)

Se trata de un cacto que ha sido utilizado principalmente en los Estados Unidos por los nativos apaches mescaleros (nombre derivado de la mescalina, principio activo del peyote). Es el Sacramento de la Iglesia Nativa Americana. Este cactus es muy citado en los libros de Carlos Castaneda. Ha sido muy utilizado en rituales sagrados de la América precolombina.

SAN PEDRO
(TRICHOCERUS PACHANOI)

Se trata de un cactus que puede medir varios metros de altura y que contiene también mescalina como principio activo. Su nombre quechua es Huachuma. La denominación cómo San Pedro se le ha atribuido por dar al iniciado la llave para entrar en el Cielo. Es muy utilizado por chamanes peruanos.

---

16 N del T. El término pajelança se refiere a actividades chamánicas que suponen el uso o la realización de determinadas técnicas, ceremonias o materiales que pertenecen a orígenes diferentes, pero se integran entre sí en este tipo de encuentro. El término Pajé, del que deriva la palabra, es sinónimo de chamán, hombre medicina de cualquier línea espiritual.

TABACO
(NICOTIANA TABACUM - NICOTIANA RUSTICA)

Aquí no vamos a hablar del Tabaco industrializado, el cigarrillo, sino del Tabaco salvaje o chamánico.

El Tabaco ha sido ancestralmente reconocido por los indios como planta de poder, aunque haya caído en el mal uso de los blancos, perdiendo su fuerza original y su poder y transformándose en una sustancia que produce vicio, y responsable de terribles males al organismo.

La diferencia entre el Tabaco salvaje, la planta natural sin industrialización y el Tabaco procesado es muy profunda. El Tabaco es una planta muy poderosa y curativa en su estado original y mediante la correcta forma de utilización. Ha sido muy usado entre los pueblos amerindios, tanto para alterar la conciencia como para procesos de purificación y rezo.

TEONANACATL
(PSILOCYBE MEXICANA)

Es el hongo milenario de los indios mexicanos. Conocido como la carne de Dios, es un hongo que se utilizaba en eventos sagrados, siendo servido con miel o chocolate. Es considerado como un Ser Sagrado por los curanderos mexicanos y utilizado para alcanzar la comprensión del Universo y conectar con Seres Celestiales. Existen muchas variedades de este hongo.

VIROLA (VIROLA CALOPHYLLA)
O PARICÁ (PIPTADENIA PEREGRINA)

Viene de las semillas leguminosas (paricá) o de la corteza del tronco del árbol virola. Son muy utilizados por los indios brasileños en forma de polvo en la confección de rapé. Este polvo se aplica por la nariz mezclado con polvo de Tabaco mediante unos instrumentos con forma de tubo. [17]

EXPERIENCIAS PERSONALES

Quiero compartir a continuación con el lector algunas experiencias personales que tuve con diferentes plantas de poder, en trabajos espirituales auxiliados por grandes Maestros Chamánicos. El relato de las experiencias sucedidas en mi investigación con las plantas de poder no tiene como objetivo el incitar al lector sobre su uso. Tal y como dije anteriormente, para practicar chamanismo no es necesario pasar por tales experiencias. Las Plantas Sagradas son un camino individual y opcional.

SANTO DAIME

Santo Daime es al mismo tiempo el nombre de la bebida ritual y de la doctrina chamánica de la floresta brasileña. En los años 30 del siglo XX, el nieto de esclavos Raimundo Irineo Serra, conocido posteriormente como Mestre Irineo, recibió de un chamán el conocimiento de la Ayahuasca en el interior de la selva amazónica. Tomando esta bebida tuvo una visión (a estas visiones se las conoce con el nombre de miraciones) de Nuestra Señora de la Concepción, quien le fue entregando los fundamentos de la actual Doctrina del Santo Daime. El nombre Daime

---

17 Se trata de instrumentos de poder conocidos como tepís o curipís. El tepí es utilizado para la aplicación de rapé sobre otra persona mientras que el curipí es utilizado para la auto aplicación.

viene del verbo dar, con el sentido de ¡Daime luz! ¡Daime amor! ¡Daime fuerza![18]

FIGURA 7. Expedición para la colecta de la liana jagube en la Floresta Amazónica. (Archivo del autor)

La doctrina del Santo Daime tuvo su continuidad a través del siringuero[19] Sebastián Mota de Melo, conocido como Padrino Sebastián, quien fundó en la región del medio Purús la villa Cielo de Mapia, en el estado de Amazonas, en la que viven más de 500 personas y sirve como centro de peregrinación para los daimistas, dando

---

18 N del T. ¡Daime Luz, Daime Amor, Daime Fuerza! Estas peticiones son algunas de las que el adepto de la Doctrina espiritual del Santo Daime realiza interiormente en el momento de tomar la bebida sacramental.

19 N del T. Siringuero es aquel que se dedica a recolectar siringa, también conocida como látex o caucho, sustancia lechosa que supuran los árboles del mismo nombre. La colecta de esta sustancia fue el principal motor de la floresta amazónica durante la primera mitad del siglo XX.

apoyo y asistencia a la población que la habita. Esta villa está hoy dirigida por su hijo Alfredo Gregorio de Melo.

La bebida[20] es el sacramento espiritual de la doctrina. Los trabajos espirituales siguen el calendario de las fiestas cristianas, tales como las festividades del mes de junio, Navidad, Semana Santa, Todos los Santos, etcétera. Estos trabajos siguen un ritual de baile (danza de poder) y canto de himnos (canciones de poder), de alabanza a entidades de la naturaleza, a la Sagrada Familia, Orishas, Devas, Divinidades de Oriente, ángeles, animales sagrados, el Sol, la Luna, las estrellas y a Dios. Estos trabajos espirituales suelen tener una duración de entre ocho y doce horas. También hay rituales de concentración (meditación), de cura, de instrucción, feitios (ritual de preparación de la bebida) y otros.

Conocí el Santo Daime a través de un periodista llamado Romeu, gran amigo y hermano espiritual, que estaba haciendo un reportaje sobre esta línea espiritual para una revista esotérica. Fui con él a la ciudad llamada Vizconde de Mauá, en el estado de Río de Janeiro, para visitar la Comunidad daimista "Cielo de la Montaña", presidida por el padrino Alex Polari. Cuando estábamos llegando a la ciudad, mis sentidos podían percibir que algo importante iba a suceder en mi vida. Me resultaba difícil controlar la ansiedad y estaba deslumbrado con la belleza de aquel paisaje maravilloso. El simple hecho de estar allí producía una alteración en mi conciencia.

Nuestros guías en esta aventura fueron el matrimonio Ricardo y Carmen, grandes amigos a día de hoy, quienes

---

20   N del T. La bebida sacramental Santo Daime está elaborada de forma similar a la Ayahuasca y contiene las mismas plantas. La diferencia entre una y otra estriba fundamentalmente en el "Rezo" o ritual de preparación, que en el Santo Daime está muy imbuida del cristianismo, mientras que en el caso de la Ayahuasca es más bien animista.

nos dieron las instrucciones preliminares para participar en el ritual, tales como abstención de alcohol, sexo y carne en los tres días previos a la ceremonia. Antes de poder participar en el ritual, pasamos por una entrevista personal en la que se nos informó de la naturaleza del trabajo y de sus normas internas.

El día del ritual nos dirigimos a la iglesia, que nos recordaba en su forma a una nave espacial insertada en medio de la floresta. Todo era muy lindo. Las mujeres vestían de verde y blanco. Con coronas y los hombres de traje blanco y corbata azul marino. Estas vestimentas son conocidas dentro de la doctrina como fardas (ropa de poder). En la iglesia todo estaba muy limpio. En su centro había una mesa con la forma de la estrella de Salomón (estrella de 6 puntas). Guitarras, tambores, maracas, acordeones y flautas conformaban una verdadera orquesta espiritual. El salón se disponía con los hombres de un lado y las mujeres del otro, colocados en filas de bailado. Esto nos recordaba al símbolo taoísta del Yin-Yang.

El comienzo del trabajo estaba marcado por el ritual de defumación (limpieza mediante sahumerios), seguido de las oraciones cristianas *Padre Nuestro y Ave María*. Tras estas oraciones llegó el momento esperado, el despacho de la primera toma de Santo Daime. Inmediatamente, tras el despacho de la bebida, los participantes se colocan en sus filas de bailado, se lee una oración llamada *Consagración del Aposento* y se inician los cantos acompañados de un baile simple y repetitivo.

Unos minutos después comencé a sentir una sensación muy agradable en mi cuerpo. Me sentía tan leve que en algunos momentos parecía estar flotando. Los himnos parecían venir de otro mundo, pues la belleza de estos cantos no podía compararse con nada de lo que hubiera escuchado hasta el momento. Tras la segunda dosis del

Sacramento, llegó un momento en que no podía aguantar más en pie, por lo que me senté. Estaba impresionado por cómo las personas conseguían cantar, bailar, tocar instrumentos musicales y otras actividades con una manifestación tan poderosa de la bebida. Entonces comencé a sentir miedo. Verdaderamente, sentía que la cosa estaba conmigo. Una fuerza poderosa que invadía todo mi ser y que me era desconocida hasta el momento. Me daba miedo. Llegué a pensar que iba a morir y quería marcharme para librarme de aquella sensación de agonía, hasta que una voz dentro de mí dijo:

¡Leo! Estás pasando por este apuro porque no te entregas. Estás más preocupado en entender que en experimentar. ¡Confía y entrégate! ¡Deja de pensar!

Decidí hacer lo que aquella voz me aconsejó. Y en ese momento me sentí volando en las alas de un águila por encima de un gran valle. Ya no me encontraba en la iglesia y la única cosa que me conectaba con aquel lugar era el canto de los himnos. El miedo que sentía desapareció, dejando en su lugar una sensación de éxtasis. Las visiones se iban alternando, dejándome una profunda sensación de realidad. Pude verme siendo momificado en el antiguo Egipto. Volé hacia una encarnación como indio norteamericano, viéndome danzar alrededor de una hoguera. Fui hasta Perú, donde me visualicé como Inca. Las visiones también me permitieron observar mis defectos o partes de mí mismo que necesitaba transformar, careciendo del coraje necesario para ello. Conseguí comprender el porqué de ciertas actitudes que tomaba en mi vida. En otro momento entré en contacto con un ser elemental, un gnomo. Sentía también un gran amor por la naturaleza, así como por todas las personas que se encontraban en el salón. Sentí que allí, dentro de aquel poder, estaba protegido.

Fueron muchas visiones y enseñanzas. Mucho material para trabajar en mi vida. Cuando acabó el ritual, durante el cual se sirvieron cuatro dosis de Daime, sentía que había comprendido el valor del Amor, de la Verdad de la Armonía y de la Justicia.

AYAHUASCA EN PERÚ

Viajé hasta Perú para encontrarme con mi hermano espiritual, el chamán Agustín, y realizar varios trabajos chamánicos. En esta ocasión Agustín me presentó al chamán Mateo Arévalo, un nativo de la tribu shipibo, hombre de conocimiento en el uso de la ayahuasca. Mis andanzas con Mateo me recordaron mucho a las de Castaneda con Don Juan. Mateo fue un gran profesor. Nos alojamos en el mismo cuarto, lo que posibilitó muchas conversaciones y aprendizajes. Mateo hablaba mucho de su pueblo en la selva, así como de la historia de la ayahuasca, las curas, experiencias espirituales y del uso de otras plantas de poder como el Tabaco, el Pino Rojo y el Toe (Datura).

Al comienzo de las ceremonias se unió a nosotros un grupo de norteamericanos, quienes venían también en busca de experiencias chamánicas. En el primer ritual, realizado en un lugar cercano a Lima, como de costumbre tuvimos una reunión en la que recibimos las instrucciones necesarias. El trabajo espiritual comenzó alrededor de las 22:00 h. Mateo llegó ataviado con su traje de poder, su pipa ceremonial, perfumes y un litro de Ayahuasca.

Comenzó solicitando a los participantes que rezaran internamente cada uno según su creencia. En ese momento, yo recé un Padre Nuestro y un Ave María. Y me firmé en mi animal de poder. Antes de servir la Ayahuasca, Mateo cantó un ícaro (canción de poder) soplando el humo del Tabaco en la boca de la botella. Entonces comenzó la distribución de la bebida. Se trataba de una Ayahuasca bien concentrada, que recordaba a la miel en cuanto a su textura, aunque no así en su sabor.

A los pocos minutos comencé a sentir la manifestación. El cielo estaba muy lindo, lleno de estrellas que parecía que pudiera agarrar con mis manos. La fuerza de la Ayahuasca se conoce entre los chamanes peruanos como *mareación*. Esta sensación aumentaba cada vez más hasta el punto de que no podía sentir mi cuerpo y me costaba respirar, al tiempo que sentía que mi cráneo iba a despedazarse como un rompecabezas. Entonces Mateo se acercó a mí y me preguntó:

—*¡Hey Leo! ¿Cómo está la mareación?*
—*¡Muy fuerte chamán, pero es buena!— respondí.*
—*Sí, fuerte. ¡Ufa, ufa, ufa!— Exclamó, al tiempo que se marchó sonriendo.*

Me resultó tan gracioso el gesto y el buen humor de Mateo que comencé a reírme discretamente. Cuando la risa pasó, me sentía completamente cogido por *la fuerza*. Si Mateo hubiera intentado darme algún consejo en aquel momento, yo probablemente no habría salido de aquel estado de tensión. El chamán me mostró su sabiduría utilizando simplemente el buen humor. Consiguió que relajara mi coraza y llegara así alegría a mi ser desencadenando otro tipo de química corporal. Percibí cómo mi cuerpo astral se elevaba. Ese día entendí que la risa es un gran remedio para nuestras preocupaciones. Entendí que para ser serios no necesitamos poner cara amarga ni tener una postura rígida. Para ser serios, basta con tener respeto. Con la alegría podemos mejorar nuestro día a día, independientemente de la dificultad de las situaciones. Sonreír para dar alegría a nuestra alma.

A partir de aquel momento llegó una visión magnífica. Mirando hacia el cielo vi una esfera dorada rasgando la oscuridad, que se dirigía hacia mí. Esto se transformó en la figura de un león enorme con una melena inmensa que se balanceaba con la velocidad del vuelo. Se colocó frente a mí dando muestras de querer presentarse. Me miraba fijamente, pero yo no sentía miedo, aunque me sentía deslumbrado por su presencia. Más tarde pude compartir la experiencia con Mateo, quien me dijo:

—La Ayahuasca abrió tu mundo. Tu mundo es el de los leones. Tú ya sabes lo que hay detrás de tu nombre, Leo. Leo es león y de ahora en adelante debes comenzar a trabajar con Él.

En muchas doctrinas chamánicas se considera al águila como león alado.

En un momento del ritual, Mateo encendió la pipa y comenzó a cantar un ícaro. Sentí entonces la necesidad de utilizar el cachimbo. Cuando acabó el canto, me acerqué a Mateo:

—¡Hey chamán! ¿La pipa puede ser compartida? Mateo respondió:
—Escucha, la pipa es parte del ritual y solamente se pasa de chamán a chamán. Otros la utilizaron antes de mí, pero para utilizarla es necesario conocer sus fundamentos. Si quieres fumar, usa un cigarro cualquiera.

Aquella respuesta cayó como una bomba. Me sentía estúpido. Pensé en explicarle que yo también tenía mi trabajo espiritual con el cachimbo, pero preferí mantenerme en silencio lamentando no haberme quedado con la boca cerrada. Respondí simplemente:

—¡Discúlpeme que no quise ofenderle! Estoy aquí solamente para aprender.

Pasados unos 10 minutos, Mateo volvió a sentarse a mi lado y me preguntó:

—¡Oye Leo, ¿tú tienes una pipa? A lo que respondí:
—No, chamán. ¿Sabe usted cómo puedo conseguir una?
—Luego, con tiempo, voy a ver.

No volví a mencionar el asunto de la pipa, dejando el pedido hecho en el Astral. En el tercer trabajo de Ayahuasca en las Matas de Puerto Maldonado, en el interior de la Amazonía peruana, llegó mi recompensa. En un momento determinado de aquel trabajo, Mateo se acercó hasta mí y me dijo:

—¡Oye Leo! ¿Me puedes hacer un favor? Me gustaría que tomaras mi pipa y soples humo de Tabaco sobre mi cabeza y en mi pecho.

Para los profanos explicaré que este es un gesto ritual realizado por un chamán para nivelar y armonizar sus energías. Se necesita mucha confianza para que alguien trabaje en su cabeza. Me sentí recompensado por la paciencia.

Otra ocasión que quiero destacar sucedió durante un ritual en Lima. Me encontraba en plena fuerza de Ayahuasca cuando Mateo me habló sobre otra planta de poder, el piñón rojo. Decía que aquel piñón provocaba la purga, es decir, facilitaba procesos de limpieza en el cuerpo físico al tiempo que producía visiones muy fuertes. Tras esto, Mateo me dijo:

—Leo, si traigo un vaso de piñón colorado ahora, ¿lo tomarías?

La pregunta me dejó alborotado. Me encontraba en un momento muy fuerte del trabajo y no podía imaginar tomando en aquel momento otra dosis de Ayahuasca. Y, menos aún, me veía probando otra bebida que no conocía. Y más sabiendo que las manifestaciones en el cuerpo físico no iban a ser muy agradables. Así que respiré hondo, me enfoqué en mi corazón y respondí:

—¡Chamán! Cualquier cosa que el señor traiga para que tome, la tomaré. Y lo haré porque confío en usted y sé que estoy en buenas manos. Sé que el señor quiere solamente lo que es bueno para mí.

Mateo salió dando una sonora carcajada. Yo permanecí expectante durante algunos minutos hasta que me di cuenta de que no iba a traer aquella bebida para que la tomara. Entonces pude respirar aliviado.

Mateo y yo nos hicimos amigos y, a partir de esa amistad, todo fue más fácil. Yo le ayudaba en la limpieza espiritual (defumación), entonaba canciones de poder, tocaba el tambor, atendía a los demás, y sobre todo aprendía.

Así, Mateo comenzó a iniciarme en la magia de la Ayahuasca. Trabajó con mi cuerpo espiritual entregándome un Arcano Medicinal, un escudo de protección que podría utilizar en los trabajos. Cantó un ícaro en mi cabeza y en mi pecho para saber dosificar mejor la mareación de la Ayahuasca y me dijo:

—Yo te entrego este ícaro para que cuando te encuentres con tu gente en Brasil, haciendo trabajos de Ayahuasca, estés protegido de la mala palabra, de la menstruación de las mujeres[21], de las

---

21 N del A. En algunas tradiciones se cree que las mujeres que se encuentran con la menstruación pueden interferir en la capacidad del chamán para conectar con los espíritus, pues estas son altamente magnéticas.

personas que hacen mal uso de esta bebida y de las malas medicinas. Cuando estés en la miración de la Ayahuasca, canta este ícaro y yo estaré contigo.

Al despedirme de Mateo en Perú, me entregó un collar de protección hecho con semillas y una botellita con un preparado a base de Tabaco, para proteger la coronilla (chackra coronario).

CANTO DE LA AYAHUASCA
(Ícaro entregado por Mateo Arévalo)

Para regular y nivelar la energía,
mi hermoso canto,
mi hermoso canto.

Emana su energía hasta el cielo,
hasta el mar o el río,
hasta la tierra.

Mi hermoso canto,
de la energía de la Ayahuasca
y dc la Chacruna

emana su energía para regular
y nivelar sus energías
de salud y bienestar entre las mujeres
y los hombres de esta mareación.

En la gran mesa de la mareación
de la Ayahuasca
salimos con el cuerpo, alma, espíritu y mente
librándonos de la mareación loca.
Llegando así al mundo maravilloso de Dios

donde existen y emanan las fragancias
de las flores maravillosas del Universo
que cuando se impregnan en uno
nos dan energías de conocimiento.

Y saber,
abriendo las puertas
del mundo medicinal de la Ayahuasca
donde todo es felicidad, paz y amor.

SAN PEDRO EN PERÚ

Aunque ya había tenido contactos con el cactus San Pedro, o Wachuma, aquí en Brasil, a través del chamán Agustín, voy a relatar esa experiencia proporcionada por esta planta, debido al intenso poder de sus revelaciones.

Estábamos Agustín y yo en Machu Picchu, la ciudad que se encuentra en lo alto de la cordillera de Los Andes, en Perú. Habíamos tomado la decisión de realizar un trabajo espiritual en las ruinas, con un grupo de norteamericanos. Y allá fuimos. Me gustaría aclarar que está prohibido permanecer en las ruinas a partir de determinada hora. Llegamos por la tarde y, alrededor de las 9 de la noche, iniciamos la ceremonia. Estábamos completamente solos, sin la presencia de ninguna otra persona, a excepción de los espíritus de Machu Picchu.

Agustín había llevado a dos jóvenes que se pasaron todo el tiempo tocando flautas andinas, cosa que ayudó mucho en la armonización del trabajo. Después de las 2:00 h de la madrugada, tras la segunda dosis de San Pedro, comenzaron las visiones. Machu Picchu tiene la capacidad de producir estados alterados de conciencia en las personas sin necesidad de ingerir plantas de poder. Podía percibir a los espíritus Incas, como si aquel tiempo hubiera vuelto. Percibía los antiguos rituales, la Fiesta del Sol... Mirando hacia arriba, vi cómo las nubes se transformaban en un cóndor. Sin el uso de palabras, pude comprender la cosmología del pueblo Inca. El legítimo Imperio del Sol.

En un momento determinado, solicité a Agustín que hablara un poco sobre los incas. Este nos señaló una piedra y pidió que acostáramos nuestra cabeza sobre ella. Realmente fue la mejor respuesta, Dado que comencé a sentirme como si tuviera un disquete de ordenador en la cabeza. Sentía una gran emoción, pues estaba siendo consciente de que yo había formado parte de la historia de aquel lugar. Estaba rescatando un trozo de mi ser que estaba perdido en el tiempo y en el espacio. Nos encontrábamos en lo alto de la cordillera de los Andes y las nubes atravesaban nuestro cuerpo, deteniéndose en las rodillas, mientras por encima de nosotros el cielo estaba limpio y repleto de estrellas. Las nubes iban dejando claros a través de los cuales podíamos ver la ciudad debajo de nosotros. Tuve la impresión de estar en el cielo, caminando entre las nubes.

El lugar en el que comenzamos el ritual era las Fuentes Sagradas, que se encuentran a 850 m al sur de la ciudad, lugar donde las aguas discurren a lo largo de un carril de piedra del que se despeñan sobre una terraza del Templo del Sol. Estábamos en el centro religioso donde se realizaban las principales fiestas del calendario inca y las ceremonias ligadas al agua (de septiembre a marzo) y a la agricultura. Fueron también centros de purificación para los iniciados y sacerdotes, en los cuales se les confería renovación y conocimientos místicos. Era costumbre de los sacerdotes realizar ceremonias y rituales con ofrendas de conchas de mar a las que llamaban *las hijas del mar*. Las conchas eran el alimento de los dioses de Yacumana, serpiente de una cabeza. Pude ver los animales guardianes de los portales de la ciudad. En ese trabajo pude comprender que Machu Picchu todavía hoy está muy habitada.

LA MADRE COCA EN PERÚ
(COCAMAMA)

En Cuzco tuve una experiencia muy gratificante con Edwin Flores o Küichy. Fuimos hasta el templo de la serpiente para hacer una meditación con hojas de coca. La coca es considerada por muchos peruanos como la síntesis de las plantas de poder. Los incas mascaban sus hojas para soportar el mal de altura, aliviar el hambre y para usos terapéuticos. Es importante saber que Machu Picchu contienen su nombre la acepción picchu, que significa *el acto de mascar coca*, aunque el significado completo del nombre de la ciudad es "Ciudad de la Paz".

Algunos manifiestan que si no existiera la coca no existiría Perú. No había entre los incas ningún ritual en el que no estuviera presente la hoja de coca. Cocamama es el espíritu que habita en las hojas de coca. La coca se ofrecía a los dioses, se utilizaba para la magia de la adivinación, como en las cartas del tarot y se aplicaba pulverizada sobre heridas y hematomas. Hay historias y leyendas orales sobre un templo o lugar sagrado vinculado al uso de la coca, pero no hay registros verificables que indiquen su ubicación exacta. De acuerdo con algunas fuentes, el Templo de la Coca, en Cuzco, habría sido un lugar sagrado donde la planta era usada en ceremonias religiosas por los incas. Se cree que la Diosa Cocamama, guardiana de la coca, era adorada en este lugar.

Cuando los españoles llegaron a Cuzco, destruyeron muchos templos y lugares sagrados de los incas, incluido el Templo de la Coca. Los conquistadores españoles, durante la invasión, quemaron las plantaciones de coca, sin respetar sus fundamentos sagrados. Entonces fue cuando surgió la maldición de los incas:

Así como los blancos destruyen las hojas de coca, las hojas de coca destruirán al hombre blanco. (Esto parece hacer referencia al veneno llamado cocaína, extraído de las hojas de coca, que mata, corrompe y destruye a los hombres)

Las hojas son masticadas con la mente, según Edwin. *Nosotros dejamos que el líquido se escurra por nuestras almas.* Las hojas se mascan junto a una resina llamada lifta. Las sacerdotisas acostumbraban a llevar un instrumento de poder parecido a una varita de mago confeccionada en plata o cobre con un colibrí en la punta. A través del pico del colibrí se extraía la lifta, Que se unía a las hojas qué iban a ser masticadas.

Edwin comenzó su ceremonia con unos paquetes de coca enrollados junto a la lifta, indicando que primero debíamos calentar las hojas soplando suavemente sobre ellas. Después de esto, prosiguió saludando a las cuatro direcciones (puntos cardinales) y me pidió que repitiese junto con él:

—*¡Apu Inti!* (Mirando hacia el este, saludando al sol)
—*¡Apu Pacha Mama!* (Saludando al sur, a la Madre Tierra)
—*¡Apu Huaira!* (Saludando al oeste)
—*¡Apu Uno!* (Saludando al norte)

Si pudiera resumir cómo es la energía de las hojas de coca en pocas palabras, diría que tiene una vibración violeta. Es muy sutil y llena de percepciones internas, siempre que seamos capaces de guardar silencio mental. Bajo su efecto, podríamos pasar horas y horas en contemplación. Para mí el uso de las hojas de coca supuso un aprendizaje de interiorización, generando en mí un estado de bienestar y despreocupación respecto al tiempo. Me ayudaron en la reconexión de algo muy profundo y extremadamente sutil. Una energía femenina que inspira creatividad y amor, haciéndonos prestar atención a las bellezas de la creación.

EL HONGO STROPHARYA CUBENSIS EN VISCONDE DE MAUÁ (RIO DE JANEIRO)

Tuve experiencias también con el famoso hongo, muy conocido en Brasil, especialmente en regiones de pasto para el ganado, pues suele reproducirse en el estiércol. Terence Mackenna, chamán y botánico que reside en Hawái, narra en su libro, *Alucinaciones reales*, como consigue reproducir el hongo en su laboratorio de plantas de poder.

Al respecto, me gustaría llevar al lector a la siguiente reflexión: *¿Cómo nace este hongo?*

Veamos. Imaginemos un cebú pastando. Come todas las plantas que encuentra a su paso. Estas no son venenosas, pues si así fuera, el animal moriría. Las plantas entran en aquella bio-maquinaria, qué es el proceso digestivo del animal, convirtiéndose en estiércol. Una vez que esto ha sucedido, el Universo envía lluvia que lo humedece. Tras esto llega el sol con sus rayos dorados, dándole energía. Mediante esta alquimia de la naturaleza nace el hongo Stropharya Cubensis.

Una de las veces que ingerí estos hongos dentro de un ritual chamánico establecí contacto con su Ser elemental. Llegó a mí una imagen de un ser bastante gordo, con la barriga hinchada y muy sonriente. Este ser me dijo que guardaba registros de la Madre Tierra y de las manifestaciones del Universo. Sentí una profunda conexión con la naturaleza y comprendí que esta planta de poder no debe ser usada en centros urbanos. También supe que no debe ser tomada de forma sistemática. Es recomendable evitar la ingesta de estos hongos en lugares públicos, incluyendo centros urbanos, por varios motivos. Primero, la experiencia con hongos mágicos puede ser muy intensa e imprevisible, alterando significativamente la percepción de la realidad y la capacidad cognitiva de quien los consume. En un ambiente urbano puede haber muchos estímulos visuales y sonoros, lo cual puede resultar abrumador para quien se encuentra bajo el efecto del hongo. Además de esto, la interacción con otras personas en un ambiente urbano puede resultar estresante y perturbadora durante la experiencia. Por tanto, para consumir hongos mágicos se recomienda hacerlo en un ambiente seguro, en la naturaleza y con personas fiables, lejos de ambientes urbanos o lugares desconocidos. Dicen los entendidos en hierbas, que es el hongo el que se presenta ante nosotros cuando necesitamos tomarlo. Cuando nosotros lo buscamos, pero no necesitamos tomarlo, el hongo no aparece.

Un trabajador de la floresta me explicó el uso de estos hongos del siguiente modo:

¿Está viendo aquel hongo allí? (refiriéndose a otra especie). Ese no se debe comer, porque es dañino. Aquel otro de allá a veces lo ponemos en la ensalada. Y este (refiriéndose al hongo mágico) lo comemos cuando estamos con la cabeza llena de problemas y no conseguimos centrar las ideas. Nos ayuda a entender cómo resolverlos.

Los estudiosos de la botánica mágica afirman que estos hongos proceden de Orión. No puedo afirmar que este hongo haya venido de esta constelación, pero parece que con él se establece una conexión de tipo interplanetario. Al experimentarlos, pude sentir como mi agudeza visual y auditiva se incrementaba. Tuve fuertes visiones y, además de no sentir hambre, tampoco percibía el paso del tiempo. Cuando tocaba la maraca, veía llamaradas de fuego saliendo de ella. En esa ceremonia recibí una visión interior que supuso una gran transformación de mi caminar.

PEYOTE EN LOS ESTADOS UNIDOS

El encuentro con el Padre Peyote supuso un momento especialmente fuerte en mi investigación. El nativo Navajo Melvin, de la Iglesia Nativa Norteamericana, inició una ceremonia espiritual con un inipi, tras lo cual fuimos a un tipi (tienda india con forma cónica), donde se realizaría un ritual con Peyote. Los participantes nos sentamos en círculo alrededor de una hoguera ritual. Tras la habitual charla inicial, en la que explicaba el ritual, Melvin comenzó a servir Peyote triturado para que lo masticáramos e ingiriéramos. Inmediatamente después nos sirvieron una infusión de peyote, que tenía un sabor muy amargo.

Uno de los responsables de la ceremonia tocaba con mucha celeridad el tambor de agua, que tiene un sonido muy profundo, al tiempo que se cantaban las canciones de poder del Peyote. En algunos momentos del ritual circulaba también el Tabaco sagrado, mensajero de nuestros rezos. Se distribuía entre los participantes junto con hojas de maíz, con las que habría que liar los cigarros ceremoniales. Cada persona confeccionaba su propio cigarro. Este Tabaco se utiliza exclusivamente para rezar y, cuando este rezo termina, el resto se entrega al fuego. En el uso ritual del Tabaco el humo no se traga.

En el momento cumbre de la ceremonia sentí la llegada de una gran fuerza masculina, penetrante, que desveló alguna de mis debilidades. Estuvimos sentados en el suelo alrededor de 10 horas. Hasta aquel día yo no sabía que hubiera tantas posibles formas diferentes de sentarse. Para mí ese fue el primer desafío, la incomodidad. Me sentí feliz porque logré vencerlo. El peyote me enseñó cómo podemos dominar nuestro cuerpo y la incomodidad utilizando la mente. La experiencia me forzó a encontrar diferentes maneras de lidiar con la situación y a enfrentar mis propios límites. Supuso un momento de aprendizaje y superación para mí.

El fuego dentro del tipi era mágico. Nunca había visto un trabajo también hecho con el fuego. Las brasas servían como incensario. Percibí fuertes destellos y tuve visiones y manifestaciones físicas muy intensas. Los cantos acelerados hacían crecer todavía más la energía. Incluso la entrada del agua en el tipi se ritualiza, teniendo su momento cierto para aparecer, lo que hace que esta tenga un sabor especial e incomparable.

Un trozo de rama de árbol marcaba una especie de puerta para el fuego, que únicamente podía ser atravesada cuando estaba en posición abierta. Todo funcionaba como un reloj, encajando perfectamente.

Al final del ritual se sirvieron las comidas sagradas en el interior del tipi.

Como en todas las ceremonias con plantas de poder, sentí una profunda conexión con el Universo y con lo Sagrado. Aquella experiencia con el padre peyote me marcó. Pude conocer un poco de su fuerza. Suficiente como para nunca olvidarlo.

Nota: Advierto a los lectores que la búsqueda de plantas de poder puede ser peligrosa. No todos los que aseguran conocerlas las conocen realmente. Estas plantas solamente pueden dar buen resultado si son utilizadas dentro de un contexto espiritual, consagradas en ritual y preparadas de forma correcta. ¡TENGA CUIDADO!

CAPÍTULO VII

TIERRA - SOL - LUNA - ESTRELLAS

El Sol, la Luna y las Estrellas, según el Génesis, son las luminarias del firmamento, creados para dar luz a la Tierra. Representan la luz creadora, la luz reflejada y la luz revelada. El Sol participa de la creación de la Tierra, es la evolución creadora. La Luna ilumina la oscuridad de la voluntad humana, la materia. Las Estrellas orientan los valores y verdades, el espacio y el tiempo.

MADRE TIERRA

Debido a las condiciones favorables para la vida y a los recursos naturales, la Tierra ha posibilitado la existencia del ser humano, quien, a lo largo de su historia evolutiva, se ha ido adaptando a su entorno y mejorando su capacidad para extraer de este todo lo que necesita para sobrevivir, aumentado cada vez más su capacidad depredadora. El hombre perdió definitivamente el sentido de lo sagrado, olvidando que la Tierra es nuestra madre. Lo peor de todo es que desconocen los efectos de las acciones irresponsables que practica con la naturaleza. No tiene conciencia del crimen que comete debido a intereses económicos.

135

Y por eso nosotros estamos aquí nuevamente, para defender nuestro planeta, en una guerra silenciosa que se desarrolla mediante rezos y vibraciones, procurando plantar una semilla de amor en los corazones de aquellos que no reconocen a su madre y luchan por un mundo ilusorio, de aquellos que no perciben la belleza de la creación.

La mejor forma de agradar al creador es respetando, honrando y preservando su creación. La Tierra es un ser vivo, la madre que alimenta a todas las criaturas. Nutre con sustancias sus cuerpos físicos, los recibe con cada vida y los acoge con cada muerte. Como toda madre, ella provee generosamente todas las necesidades de sus criaturas. Todos los seres que andan nadan, se arrastran o vuelan, insectos, piedras y plantas son sus criaturas. Dado que todas las cosas vivas comparten su existencia en el mundo con los seres humanos, nacidos de la misma Madre Tierra y concebidas por la mente del Creador, debemos honrarlas, conscientes de su misión en el plan universal y armonizarnos con todas ellas para andar en equilibrio sobre nuestra madre. Nosotros, quienes practicamos el chamanismo, debemos amar verdaderamente a la Tierra y a todas sus criaturas.

El sentimiento de amor y pertenencia que conecta a los nativos con la Tierra es una fuente de inspiración para nosotros. Un ejemplo de ello es la respuesta que en 1855 el jefe Seattle, líder del pueblo Duwamish, dio ante la propuesta del Presidente de los EE. UU para comprar sus tierras. Esta carta, atribuida al jefe Seattle está considerada como uno de los más bellos y profundos manifiestos en cuanto a la defensa del medio ambiente. Aunque existe controversia respecto a su autoría, transcribo a continuación, una parte de ese discurso:

¿Cómo es posible comprar o vender el cielo o el calor de la tierra? Esa idea nos resulta extraña. Si no nos pertenece el frescor del aire o el brillo del agua, ¿cómo es posible comprarlos? Cada pedazo de esta tierra es sagrado para mi pueblo. Cada brote centelleante del pino, cada playa arenosa, la sombra en la densa vegetación, cada claro y cada insecto que canta son sagrados para la memoria de mi pueblo.

La savia que atraviesa a los árboles lleva consigo el pasado del piel roja. El hombre blanco olvida su tierra de origen cuando va a pasear entre las estrellas. Nosotros nunca olvidamos esta Tierra, pues ella es nuestra madre. Somos parte de la Tierra y ella es parte de nosotros.

Las flores perfumadas son nuestras hermanas. El ciervo, el caballo y la gran águila son nuestros hermanos. Los picos rocosos, los arroyos en los prados, el calor del cuerpo del potro y el hombre... todos pertenecen a la misma familia. Cuando el gran jefe de Washington manda decir que quiere comprar nuestra tierra, pide demasiado de nosotros. Él dice que nos dará un lugar en el que podremos vivir felices. Él será nuestro padre y nosotros seremos sus hijos.

Vamos a considerar la oferta de compra de nuestra tierra, pero no va a ser fácil. Esta tierra es sagrada para nosotros. El agua que fluye por los torrentes y ríos no es solamente agua, es la sangre de nuestros antepasados. Si vendemos nuestra tierra, deben recordar que esta es sagrada y enseñar a sus hijos que cada reflejo en las aguas límpidas de los lagos habla de la memoria de la vida de nuestro pueblo. El borboteo de las aguas es el habla de nuestros antepasados. Los ríos son nuestros hermanos y sacian nuestra sed, llevan nuestras canoas y alimentan a nuestros hijos.

Si vendemos nuestra tierra a ustedes, deberán recordar y enseñar a sus hijos que los ríos son nuestros hermanos. Ustedes deberán ser bondadosos con el río, tal y como se es con un hermano. El hombre blanco no entiende nuestras costumbres. Una porción de tierra tiene el mismo significado que cualquier otra, pues es como un forastero que coge de la tierra lo que necesita. La tierra no es su hermana sino su enemiga y, cuando la domina, prosigue su camino. Abandona los túmulos de sus antepasados sin que eso le importe. La sepultura de su padre y los derechos de sus hijos, son olvidados. Trata a su madre, la Tierra y a su hermano, el cielo, como algo que puede ser comprado, saqueado o vendido como una oveja o como adornos de colores. Su ambición devorará a la tierra y dejará solamente un desierto. (...)

TIENDA DE SUDAR (TEMAZCAL)[22]

Es también conocida como sauna sagrada y su propósito es la purificación del cuerpo, mente y espíritu. Es un espacio donde ofrecemos el agua de nuestro cuerpo a nuestra Madre Tierra. Tuve la oportunidad de participar en algunas de estas saunas con el matrimonio de chamanes Matt Aquila y Donna Talking Leaves, el escandinavo y ella descendiente de la tribu Cherokee en Riachinho, reducto espiritual de mi amigo y chamán brasileño José Duarte en el interior de Bahía.

Tradicionalmente, la sauna se confecciona con varas de sauce con forma circular, asemejándose a una nave espacial. Las varas de sauce se utilizan para formar el armazón de la tienda, y el número de varas depende de acuerdo con la intención. El sauce por ser el árbol del

---

22 N del T. La tienda de sudor proviene de las tradiciones de los nativos norteamericanos del sur de los actuales EE. UU y del norte de México. Es un elemento importante en estas culturas y en ellas se conoce como Inipi o Temazcal. Actualmente su uso es característico de las líneas espirituales de la Iglesia Nativa Americana y el Camino Rojo, considerándolo como una ceremonia en la que se honra a la Madre Tierra y las 4 direcciones.

amor es el preferido para esto, pero también puede ser confeccionada con bambús.

FIGURA 8. Estructura de una Tienda de sudor en Seattle, Estados Unidos. (Fotografía: Joe Mabel. Licencia Creative Commons)

La puerta de entrada de la tienda se orienta al este[23] que es la entrada de los espíritus, frente al altar, que está montado con piedras, flores, etc. La entrada se encuentra una baja altura, haciendo que los participantes entren de rodillas (humildad). La tienda se levanta directamente sobre la tierra y tiene en su centro un agujero en el que se depositarán las piedras ardientes. Toda la estructura se recubre con lonas o pieles de animal.

Al mismo tiempo se hace una hoguera ritual, en la que se calientan las piedras directamente sobre el fuego. Las

---

23 Actualmente su uso es característico de las líneas espirituales de la Iglesia Nativa Americana y el Camino Rojo, considerándolo como una ceremonia en la que se honra a la Madre Tierra y las 4 direcciones.

personas se reúnen alrededor de esta hoguera, realizando sus pedidos e invocaciones, así como también los preparativos por los dirigentes de la ceremonia. Los participantes se colocan en fila y van entrando una a una en la tienda, en cuyo interior ya hay una piedra, que ha sido introducida previamente para calentar un poco el lugar. Es importante recordar que las piedras guardan los registros de la Tierra.

En el momento de entrar a la tienda, cada uno de los participantes pasa frente al chamán o ayudante de este, quien realiza las invocaciones y limpieza de la persona mediante sahumerios, siendo el humo aventado con plumas. En ese momento, el participante está preparado para entrar.

Mientras entra de rodillas, cada una de las personas evoca el mantra *Mitakuye Oyasin* (*Por todas nuestras relaciones* en lengua nativa) y ocupa su lugar en la tienda, moviéndose en sentido horario.

Cuando todos están dentro de la tienda, el guardián del fuego, a petición del conductor, va trayendo las piedras ardientes según la intención de la ceremonia. Una vez que estas han sido colocadas en el agujero del centro de la tienda, la puerta es cerrada herméticamente por el hombre del fuego y el chamán o conductor comienza a realizar sus invocaciones al tiempo que quema algunas hierbas (salvia, sweet grass, etc.) y arroja agua sobre las piedras. Son invocados los poderes de las cuatro direcciones, de seres elementales, de animales de poder, etc.

El vapor comienza a subir llenando toda la tienda y elevando la temperatura de forma muy intensa. En ese momento, a través de la propia subida de temperatura del ambiente, las personas comienzan a sudar, purificando su cuerpo, y entran en estados alterados de conciencia o trance, recibiendo visiones esclarecedoras. Al terminar la sesión, el chamán pide al guardián del fuego que abra la puerta y los participantes de nuevo caminando de rodillas en sentido horario, salen de la tienda y se tumban en el suelo con la barriga en contacto con la tierra.

En ese instante podemos sentir que la tierra está viva, percibiendo su movimiento, los latidos de su corazón. Es como si nos acogiera el regazo de nuestra madre.

Una vez finalizada la ceremonia, los participantes se bañan en el río o se duchan con agua abundante, refrescando el cuerpo y la mente.

Algunas de estas ceremonias comienzan o terminan con el ritual de la Pipa Sagrada.

CEREMONIA PARA LA MADRE TIERRA

Recibí esta ceremonia para que pueda ser agregada al chamanismo u otras prácticas. En el chamanismo no tenemos prejuicios contra posibles egrégores, que son la fuerza espiritual resultante de la suma de las energías físicas, mentales y emocionales de dos o más personas que se reúnen para obtener ese efecto.

Establezca el lugar apropiado para la ceremonia. Esta debe ser realizada en el campo, en un lugar en el que pueda cavarse un agujero de unos 40 cm de profundidad y con una circunferencia suficiente como para que entre un cubo común.

El agujero se realizará en el centro del círculo formado por los participantes de la ceremonia. Dispuestas en círculo, alrededor del agujero, estarán las ofrendas siguientes:

- un vaso de leche
- pequeñas piedras o cristales
- un plato con hierbas medicinales (romero, salvia, lavanda...)

- un vaso con agua.
- un pedazo de algodón (o plumas).
- cuatro puñaditos de Tabaco
- un plato con cereales (maíz, avena...).
- dos cucharadas soperas de miel.
- un plato con semillas (girasol, calabaza...).
- una bolsa con harina de maíz.
- un plantón de alguna planta (cualquiera).

Limpie bien el espacio ceremonial.

Los participantes podrán traer frutas para intercambiar al final con los demás, momento en que se realizará una pequeña fiesta.

Es interesante también, si el lugar lo permite, que cada participante plante un plantón cualquiera al acabar la ceremonia.

Los plantones y las frutas pueden ser colocados en el interior del círculo y colocadas sobre hojas grandes o telas.

Se realizará una pequeña hoguera al lado, para lo cual debe designarse un guardián del fuego (normalmente alguna persona se presentará voluntaria), que será el único de los participantes que podrá manejar el fuego (ver más detalles en el apartado dedicado al ritual de fuego).

Realice la ceremonia de limpieza del lugar y de cada participante antes de iniciar el ritual (defumación).

Orientaciones para quien esté dirigiendo la ceremonia:

- Utilizando sus propias palabras, manifieste al grupo la intención de la ceremonia, que debe ser comprendida por todos. Hable sobre la importancia de preservar la naturaleza. De cuidar de la salud del planeta. Del respeto y del amor hacia la creación. (Es interesante, en caso de que así lo considere, leer a los participantes el discurso del jefe Seattle).

· Pida autorización al Creador y al Universo para iniciar el ritual. Invoque los poderes de los elementales, de las fuerzas de la naturaleza. Pida protección a su Ángel de la Guarda y a su animal de poder.

· Pida a los participantes que se sienten en círculo.

Comienzo (palabra del conductor)

"Respira profundamente. Al inspirar te recargas de energía. Al espirar liberas el estrés. Respira profundamente, permaneciendo en silencio total, incluso en el pensamiento."

· **Paso 1.** *Lectura de la Biblia*
(Génesis 1: La Creación del Cielo y de la Tierra y de todo lo que en ellos se contiene - La Creación de los seres vivientes. Génesis 2, 2.2, 2.3)

· **Paso 2.** *Invocar al Ángel de la Tierra.* (Esta evocación ha sido adaptada del libro "Pregunte a su Ángel", de Alma Daniel, Timothy Wyllie e Andrew Ramer.)

Cierra los ojos.

Siente que de tus pies salen raíces que te conectan con la tierra, como si fueras un árbol. De la punta del coxis sale otra raíz que conecta tus chackras con la tierra.

Visualiza que con cada inspiración tu cuerpo se llena con la energía de la tierra y con cada espiración tus tensiones se alivian. Siente como la energía sube desde el final de la columna hasta la corona de la cabeza. Almacene esta energía dentro de su corazón.

Visualiza como de la parte superior de tu cabeza salen unos hilos de energía que te conectan con el cielo. Estos filamentos transportan la energía celeste hacia ti, descendiendo desde tu coronilla, a través de la espina dorsal, energizando todos los chackras. Lleva esa energía celestial hasta el corazón, donde se une con la energía de la tierra.

Invoca o siente la presencia de tu Ángel de la Guarda. Siente la presencia de Los Ángeles de la Guarda de todos los participantes.

Sin abrir los ojos vuelve tu rostro hacia el este del círculo y haz la siguiente invocación: "Luz y Fuego de Dios con la fuerza del Arcángel Uriel."

Vuelve ahora tu rostro hacia el sur del círculo y afirma: "La presencia del amor con El Arcángel Gabriel".

Dirígete ahora hacia el oeste del círculo manifiesta: "Salud y cura en la presencia del Arcángel Rafael".

Volviendo el rostro hacia el norte di: "Sabiduría y protección del Arcángel Miguel".

Daos ahora las manos. Cogidos por las manos, vamos a invocar la presencia del Principado Eularia, Guardian del nuevo Orden Mundial. Sintámonos todos envueltos por su abrazo.

Pensemos en este momento en los afligidos. Visualiza a los Ángeles que trabajan con Eulària confortándoles y dándoles cura y protección.

Llama vigorosamente al Ángel de la Tierra. Todos juntos armonizamos nuestra respiración y sentimos la presencia del Ángel de la Tierra. (Después de esto hay que pedir que todos abran los ojos).

(Palabra del conductor)

"¡Ángeles de la Tierra! Pido que la atmósfera del planeta sea purificada. Que nuestro mundo sea protegido y que todas las bellezas creadas por Dios se mantengan intactas para que las próximas generaciones puedan también contemplar las maravillas de este planeta y dar gracias al Creador."

- **Paso 3**. Inicio de las ofrendas.

   (Palabra del conductor)

   ¡Oh, Creador del Universo! ¡Oh, Madre Tierra! ¡Gran misterio tras todo lo que tiene vida!

   ¡En nombre del equilibrio, de la armonía, del amor, de la fe, de la paz, de la justicia, de la prosperidad, del bien y de la verdad, agradecemos a través del símbolo de estas ofrendas el privilegio de participar de la Creación Divina y expresamos nuestro amor a la Madre Tierra y a todas sus criaturas!

Nota: preferiblemente el conductor debe pedir que cada participante (en sentido horario) realice una ofrenda. El participante debe levantarse y, moviéndose en sentido horario, llegar hasta el lugar donde están depositadas las ofrendas, hacer una reverencia y, tras la palabra del conductor, depositar la ofrenda en el interior del agujero. En el caso de que el número de participantes sea mayor que el número de ofrendas, el resto podrán ofrecer harina de maíz, hasta que todos hayan participado del acto.

   (Palabra del conductor)

   ¡Oh, Madre Tierra!

   Te ofrecemos esta leche, que representa al mundo animal, la maternidad, el afecto y la nutrición.

En este momento el primer participante se levanta y derrama un poco de leche en el agujero y así van haciendo todos los participantes. Es interesante que el conductor tenga en sus manos algún tipo de instrumento de percusión para marcar el paso de una ofrenda a otra

¡Oh, Madre Tierra!

Te ofrecemos estas piedras (o cristales), que representan a tus registros, el magnetismo, el mundo mineral, las montañas y los valles. La prosperidad y la riqueza.

¡Oh, Madre Tierra!

Te ofrecemos estas hierbas, que representan al mundo vegetal, la cura, los seres vegetales, tus primeros hijos. Los árboles, los bosques, las selvas y campos.

¡Oh, Madre Tierra!

Te ofrecemos este agua, que simboliza la nutrición de todo lo que nace sobre la tierra. La fertilidad, la limpieza y purificación. Los seres de las aguas. Los ríos, lagos, cascadas, mares y océanos. Las emociones y la sensibilidad.

¡Oh, Madre Tierra!

Te ofrecemos este algodón (o estas plumas), que simbolizan a los seres alados, al aire que respiramos, la brisa que nos refresca y los vientos que fertilizan la tierra. Las nubes, el cielo y la mente.

¡Oh, Madre Tierra!

Te ofrecemos este Tabaco, que simboliza al hombre honrando a su madre, sus espíritus, todas nuestras relaciones y al Fuego.

¡Oh, Madre Tierra!

Te ofrecemos estos cereales, que simbolizan la abundancia y el sustento.

¡Oh, Madre Tierra!

Te ofrecemos miel, el néctar de la Tierra. Edulcorante principal de la vida y fuente de energía.

¡Oh, Madre Tierra!

Te ofrecemos estas semillas, que simbolizan la esperanza y el futuro.

¡Oh, Madre Tierra!

Te ofrecemos estas flores como símbolo del amor, la belleza y la paz.

¡Oh, Madre Tierra!

Te ofrecemos este perfume como símbolo de los aromas y las esencias.

¡Oh, Madre Tierra!

Te ofrecemos este vino, qué simboliza la alegría, la comunión y la unión.

A partir de este momento, las personas que no hayan realizado ninguna ofrenda, así como el conductor de la ceremonia, ofrecen a la Madre Tierra la harina de maíz.

- **Paso 4.** El conductor saluda:
  - A las cuatro direcciones y los cuatro elementos.
  - A las fuerzas de la naturaleza (relámpago, trueno, lluvia, viento, arco iris, etc.)
  - A todas las formas de vida (que vuelan, se arrastran, nadan, corren, saltan o crecen inmóviles). A los seres visibles e invisibles a nuestros ojos.
  - A todos los seres que pasaron sobre la Tierra.
  - Al Sol, fuente de vida, energía y voluntad. El principio masculino. El oro. La luz del día que nos permite ver las bellezas de la creación Divina.
  - A la Luna, principio de resurrección y regeneración, de muerte y Renacimiento. El psiquismo. El principio femenino. La plata. La oscuridad que nos permite ver las estrellas.
  - Al sagrado equilibrio Yin Yang. Masculino y femenino.

- **Paso 5.** Las alabanzas que siguen dependen del sistema de creencias.

  Cada conductor realizará las alabanzas de acuerdo con su filosofía y creencias (Cristo, Buda, David, Mahoma, Krishna, Shiva, etc.). A continuación, indico lo que yo utilizo:

Alabamos a nuestro Padre Creador.
Alabamos a Jesucristo el Salvador del mundo.
Alabamos a la Virgen María Santísima.
Alabamos al patriarca San José.
Alabamos a todos los Seres Divinos.
Alabamos al Amor, la Paz y la Luz sobre la Tierra y a toda la humanidad.
Alabamos a nuestra Madre Tierra.

Antes del cierre puede encantarse canciones de poder, leerse decretos, entonar mantras o recitar oraciones.

· **Paso 6**. Cierre del ritual.
Al terminar el ritual el conductor cierra el agujero con la propia tierra excavada y planta en el centro una de las plantas.

Tras esto se inicia la confraternización y se deja a la voluntad de las personas que quieran realizar su propia ceremonia de plantío.

SOL

El Sol, estrella central del sistema solar, es quien otorga el crecimiento y la claridad a la Madre Tierra. El Sol es la fuente de vida del planeta. Muchos rituales y ceremonias están relacionados con la trayectoria del astro rey. Los solsticios y equinoccios fueron siempre acontecimientos importantes para los chamanes.

Los nativos norteamericanos realizan una danza ritual, denominada Sundance, en la que bailan durante días alrededor de un árbol, símbolo asociado al Sol, fuente de vida. El águila representa a la guardiana del portal dorado, el de la dirección este, donde el Sol nace. Existe otro tipo de danza del Sol que se realiza anualmente por los guerreros y que consiste en un ritual de sacrificio, donde los danzantes perforan sus músculos pectorales, siendo atados estos con tiras de cuero al árbol y tirando hasta que se produce el desgarro.

En Perú se realiza anualmente la fiesta del Sol. Inti, el Dios Sol, era considerado por los incas como el dador de la vida. Ellos se consideraban hijos del Sol. En todas las ciudades incas existía una piedra llamada Intihuatana, que señalaba los momentos en que el Sol llegaba al centro, el mediodía.

En las fiestas natalicias se une el culto del Sol y de los árboles, representados por las chimeneas, las velas y los árboles de Navidad.

Para algunos pueblos aborígenes, el Sol es el fuego del cuerpo y de la naturaleza. En las naciones antiguas eran dedicados altares y monumentos al disco solar. El astro rey es el símbolo de la autoridad suprema del Creador.

Para los egipcios era el símbolo de la inmortalidad, pues moría cada noche y renacía cada día. Era personificado como el Dios Ra.

Algunos místicos afirman que existen 3 soles en cada sistema solar (espíritu, alma y cuerpo). Paracelso hablaba de un sol terrenal que causa el calor, permitiendo su visión a los que tienen ojos y sentir su calor a los ciegos. Decía también que hay un sol interno, que es fuente de toda la sabiduría, despertando los cuerpos espirituales, trayendo conciencia y permitiendo sentir su poder a través de la intuición aquellos que todavía no despertaron su conciencia.

En el hemisferio norte se celebra el nacimiento de Cristo coincidiendo con el solsticio de invierno y se conmemora la noche de San Juan en el solsticio de verano, con las hogueras.

En las culturas matriarcales, donde el papel de liderazgo y poder es ejercido por la mujer, el Sol se ve como femenino. En las patriarcales tiene atributos masculinos. Pero en todas ellas el Sol es el Ser Supremo.

Es la representación de la fuerza consciente que disipa la oscuridad. En la mitología griega se representaba en el carro de Apolo, que simbolizaba el espíritu indomable que lucha contra la superstición y la ignorancia.

RITUAL DE LA CANCIÓN DEL SOL

Por la mañana, colóquese frente al Sol. Coja su tambor o maraca.

Colóquese frente al Sol y sienta su calor en el rostro. No lo mire directamente, pero deje sus ojos entreabiertos un poco debajo del Sol, permitiendo que este revitalice su cuerpo.

Toque el tambor o la maraca sintiendo que se conecta con el Sol. Sienta como el astro rey le da vida.

Perciba sus rayos entrando a través de sus manos y recorriendo todo el cuerpo.

Respire profundamente mientras toca y comience a cantar cualquier música que llegue a su mente. No juzgue los sonidos o palabras. Deje que fluyan.

En este momento estará usted dando gracias al Sol y este le estará dando una canción para que pueda utilizarla cuando así lo considere. Repítalas muchas veces.

Entre los nativos las canciones son simples y repetitivas. Si se deja fluir obtendrá usted una poderosa canción.

LUNA

Desde la antigüedad, la Luna ha fascinado al hombre, volviéndose una importante referencia en la astrología, la mitología, las artes, así como en la elaboración de calendarios. La fuerza gravitatoria de la Luna influye sobre las mareas oceánicas, movilizando toneladas y toneladas de agua. Imagine entonces como puede actuar sobre las aguas de nuestro cuerpo. Como consecuencia con la conexión que la Luna tiene con el elemento agua, tiene también una considerable influencia sobre la pesca y las cosechas. La luz de la Luna interfiere en el comportamiento de perros, lobos, raposas, chacales y coyotes, que le hacen reverencia en épocas de Luna llena.

La Luna representa el principio de la reflexión, pues ella refleja la luz solar. La Luna pasa por tres fases principales durante un ciclo Lunar completo: Luna nueva, Luna llena y cuarto creciente o menguante. Cada una de esas fases refleja el poder de la Luna sobre el cielo, la Tierra y las sombras, y su forma en el firmamento muda constantemente a lo largo del ciclo Lunar. La Luna nueva representa los nuevos comienzos y un tiempo de reflexión y planeamiento, la Luna llena representa la plenitud y el poder máximo, mientras que la Luna menguante representa el momento de disminuir y soltar lo que ya no necesitamos más. Su forma en el cielo cambia a cada ciclo, fenómeno que caracteriza sus fases, conocidas como Luna nueva, cuarto creciente, Luna llena y cuarto menguante. La Luna nueva se asocia a ideales, realizaciones, autonomía, vanidad y sueños. El cuarto creciente representa la vida nueva, el comienzo, la creación y la inocencia. La Luna llena está ligada a la fertilidad, sexo, sensualidad y poder. Durante este periodo ocurren los eclipses Lunares. El cuarto menguante significa cierre, transformación, evolución, destrucción y sabiduría. En el ritual de magia de las velas, el cuarto creciente atrae condiciones favorables, mientras que la menguante aleja las malas influencias.

En la astrología, el signo Lunar refleja uno de los aspectos más importantes de nuestra personalidad e indica como expresamos los sentimientos y lidiamos con las emociones. Del mismo modo que la Luna, también nosotros poseemos una faz sombría, y cuando ella penetra en las profundidades de nuestro inconsciente, conseguimos percibir la sombra de nuestro propio ser.

La Luna está asociada, a la intuición, a lo femenino, aunque, diferentemente de los aspectos femeninos de la Madre Tierra, los de la Luna son salvajes y seductores. Ella representa las profundidades del subconsciente. La Luna estimula nuestra intuición y habilidades psíquicas, por lo que es una de las energías preferidas en los cultos mágicos. Es la energía que nos proporciona sueños y nos da pistas sobre vidas pasadas. En muchas culturas alrededor del mundo, la Luna simboliza la energía femenina. Para los nativos norteamericanos es el aspecto femenino del Gran Espíritu. Los nativos americanos tienen en su tradición la Tienda de la Luna, para el recogimiento de las mujeres durante el ciclo menstrual. En este lugar ofrecen la sangre de su cuerpo a la Madre Tierra. Según la visión del chamanismo la Luna es quien domina a la Tierra, por lo que la estudiamos y reverenciamos. Existen diversas ceremonias chamánicas dedicadas a la Luna.

INFLUENCIA DE LA LUNA EN LOS CULTIVOS.

· **Luna nueva.** Indicada para abonar y realizar podas. También para plantío y cosecha de hierbas medicinales.

- **Cuarto creciente.** Momento indicado para la preparación del suelo, el arado, la cosecha de hojas, la poda de árboles y el plantío de cereales.

- **Luna llena.** No está indicada para ninguna actividad agrícola.

- **Cuarto menguante.** Periodo indicado para la siembra de frutos y la cosecha de raíces y cereales.

COMUNICACIÓN CON LA LUNA LLENA

Tanto este ejercicio como el siguiente han sido adaptados de la ceremonia de Luna llena que se encuentra en el libro *Spirit Healing* de Mary Dean Atwood. Usted puede realizar la práctica solo o acompañado de un amigo.

Siéntese al lado de un árbol de modo que pueda contemplar la Luna llena. Mire hacia ella, permaneciendo en silencio. Sienta la fuerza de la Luna. Reflexione sobre el poder de la Luna y sobre la influencia que ejerce en la Tierra. Durante un periodo de alrededor de 10 minutos, visualice la Luna acercándose a la parte superior de su cabeza. Perciba la energía Lunar como una entidad femenina muy poderosa. Concéntrese en el rostro de esta entidad. Imagine la silueta de un rostro y una boca que parece estar abierta para responder a sus preguntas y darle consejos. Pida respuestas. Escúchelas llegando a su interior.

CEREMONIA DE LA LUNA LLENA

Hombres y mujeres pueden participar de esta ceremonia, pero la misma ha de ser conducida por una mujer. Forme un círculo con los participantes del ritual. Relájese haciendo respiraciones profundas. Cierre los ojos. Aquiete la mente. Imagine la Luna sobre sí. Visualice gotas de un elixir plateado saliendo de la Luna y cayendo sobre la corona de su cabeza.

1. **Pausa breve** (tres minutos)
   Entrando por la corona de la cabeza, el elixir va descendiendo despacio por la garganta, pasando a través del pecho hasta llegar al estómago. Respire este elixir y siéntalo llegando a la región pélvica. Visualícelo descendiendo por las corvas y rodillas, hasta llegar a los pies. El elixir se desborda de su cuerpo y comienza a inundar el círculo, conectando a todos los participantes.

2. **En silencio** (tres minutos)
   Visualice al elixir creciendo por encima del círculo y de todos los participantes. Todos los cuerpos están brillando en esa bella luz plateada.

3. **Pausa breve**:
   Invocación:
   Querido Padre, querida Madre, querido Dios, traigan luz para todas las personas de este círculo.
   Respire despacio y profundamente. Haga varias respiraciones. Levante los brazos en dirección a la Luna, con las palmas hacia fuera. Alcáncela con los brazos. Atraiga la energía de la Luna llena hacia el interior del cuerpo. Agradezca cada rayo plateado que ella le ofrece. Ahora baje los brazos, posando las manos sobre las rodillas, con las palmas vueltas hacia arriba. Visualice la Luna emanando el elixir de arriba hacia abajo, energizando el centro de la palma de las manos. Al inspirar, aspire la energía de la Luna. Al espirar, sienta esa energía llegando hasta la palma de las manos.

4. **Pausa larga** (siete minutos)

   Lleve la mano izquierda hasta la coronilla de la cabeza, con la palma vuelta hacia abajo. Lleve la mano derecha con la palma dirigida hacia su tercer ojo, en el centro de la cabeza. Inspire, permitiendo que la energía que sale de las manos sea liberada en la cabeza. A partir de ahora usted va a purificar sus chacras con la energía blanca de la Luna. Inspire y espire, limpiando y clareando las agonías, aflicciones, dudas y miedos. Al mismo tiempo, visualice su cabeza envuelta en una luz radiante. Quite la mano izquierda de la parte superior de la cabeza y colóquela en la garganta. Mantenga la mano derecha en su lugar. Limpie la garganta con esa energía. Inspire y espire. Suelte despacio el aire por la boca.

5. **Pausa breve**

   Ahora lleve la mano derecha suavemente al centro del corazón. Mantenga la mano izquierda en la garganta. Sople toda la negatividad para fuera del cuerpo. Inspire luz. Espire con fuerza por la boca, emitiendo sonido. ¡Vamos... vamos... vamos! Respire normalmente. Ahora lleve la mano izquierda de la garganta al estómago, dejando la mano derecha en el corazón. Inspire el elixir y espire el estrés.

6. **Pausa breve**

   Relaje los hombros. Con la ayuda de las manos, relaje algunos músculos del cuerpo con un suave masaje. Lleve ahora la mano derecha hacia la región pélvica (las mujeres deben colocar la mano en el útero).

7. **Levantándose** (mantener los ojos cerrados)
Balancee suavemente el cuerpo durante algunos instantes, hacia delante y hacia atrás. Balancéese inspirando energía, aliviando mediante la respiración el estrés del cuerpo. Permita relajarse, principalmente en la zona de la nuca, de los hombros y espalda. Sentirá un pequeño calor saliendo de sus manos hacia el plexo solar bajo el diafragma. Lleve la mano derecha hasta la base de la columna (coxis) al tiempo que se va sentando. Respire y siéntese. Permanezca sentado con la mano en la base de la columna. Sienta las pulsaciones en la mano izquierda. Perciba cómo la energía fluye de su cuerpo.

8. **Pausa breve**
Permanezca sentado y ahora descanse las manos al lado del cuerpo, con las palmas hacia arriba. Respire. Suelte el aire por la nariz. Mantenga las manos hacia arriba, para que la energía fluya en dirección al cielo. Sus manos sentirán fluir toda esa energía. Ellas estarán pulsando. La energía que está saliendo del cuerpo no es necesaria. Visualícela dejando su cuerpo y desapareciendo en el espacio. Todas las vibraciones indeseables están dejando su cuerpo. Permanezca enviando la energía negativa hacia arriba. ¡Listo! La poderosa luz de la Luna ha restaurado su vitalidad natural.

9. **Pausa breve**
Todavía sentado, coloque las manos en el suelo, con la palma hacia abajo, al lado del cuerpo. Sintonice con las vibraciones de la Tierra. Visualice un bastón dorado descendiendo a través de su columna hasta el centro de la Tierra. Quédese en silencio y sentirá la Tierra moverse. Coloque la palma de las manos en el

suelo. Sienta la energía de la Tierra en las manos. Sus chackras serán alineados por la energía que sube de la Tierra a través de sus manos. Respire suavemente. Permanezca ahora en silencio, mientras absorbe la energía de la Tierra.

10. **Pausa larga** (siete minutos)

Ahora coloque las dos manos en el tórax, con las palmas hacia el cuerpo. Conduzca la energía de las manos, dejando que penetre en el tórax. Inspirando coloque su atención en el pecho. Respire lenta y profundamente. Todos los que forman el círculo deben darse la mano, con la palma de la mano izquierda hacia arriba y la de la derecha hacia abajo. Invite a los espíritus de las mujeres nativas a que se unan al círculo. Invite algún espíritu nativo para ayudarle en su vida, para guiar y dirigir las áreas que necesiten de cura y purificación en su familia. Visualice una luz blanca saliendo del centro de su cabeza en dirección al centro del círculo. Visualice a la Madre Tierra en el centro del círculo y a la Luna llena en lo alto, dando energía a la Tierra. Invite mentalmente a todas las personas— hombres, mujeres y niños— para que sean tocados y limpiados energéticamente. Mentalmente envíe energía a nuestros líderes, jefes, gobernantes, deseando que puedan aprender amor y respeto. Visualiza una energía irradiando de los cuerpos de todas las mujeres de la Tierra siendo ofrecida para todos los hombres del planeta.

11. **Pausa breve**

Agradezca a quien guste: *Te agradezco a ti amado Padre, amada Madre, amado Dios.*

ESTRELLAS

Las estrellas son cuerpos celestes que producen y emiten energía a partir de su propia luz y cuyo brillo en el cielo fascina al observador desde hace incontables eras. En su Glosario Teosófico, H. P. Blavatsky menciona que, en el Diccionario de Antigüedades Cristianas, del Abad Martigny, hay referencia a monumentos cristianos en los que Cristo se representa coronado por estrellas. Fue la Estrella de Belén que condujo a los Magos al pesebre donde estaba Jesús. Guías de esperanza y fe, las estrellas simbolizan las fuerzas conductoras. Ellas ayudan a los marineros a encontrar el rumbo. Según los astrólogos, las estrellas están íntimamente ligadas al destino de la humanidad. Ellas conectan cada fragmento de tiempo al tiempo transcendental. Son los ojos del cielo. Algunas tribus creen que las estrellas están habitadas por entidades que tienen una conexión especial con el alma humana.

Las estrellas también hacen parte del simbolismo de diversos rituales mágico-religiosos bajo la forma de pontos riscados[24], talismanes, altares etc. La estrella de cinco puntas (pentagrama) es una figura simbólica adoptada en la magia tradicional por diversas doctrinas esotéricas. El pentagrama invertido, con solo uno de los cinco vértices vuelto hacia abajo, aparece en los antiguos templos egipcios y también está asociado al satanismo. La estrella de seis puntas (hexagrama) es conocida como Estrella de David, o "Escudo de David", siendo un símbolo tradicional de la cultura judaica.

---

24 Término brasileño que se utiliza dentro de la Umbanda y que tiene un significado similar al veve vudli haitiano. Son símbolos mágicos que se dibujan sobre el suelo empleando tizas y palos.

O BRILHO DO SOL   EL BRILLO DEL SOL

(Hino de la doctrina del Santo Daime
canalizado por el Padrino Sebastián)

Eu sou o brilho do Sol.   Yo soy el brillo del Sol.
Eu sou o brilho da Lua.   Yo soy el brillo de la Luna.
Dou brilho às estrelas,   Doy brillo a las estrellas,
Porque todas me acompanham.   porque todas me acompañan.

Eu sou o brilho do mar.   Yo soy el brillo del Mar.
Eu vivo no vento.   Yo vivo en el viento.
Eu brilho na floresta,   Yo brillo en la Floresta,
Porque ela me pertence   porque ella me pertenece.

CAPÍTULO VIII

LOS ELEMENTALES
Y LAS CUATRO DIRECCIONES

El chamanismo posibilita el contacto con una onda vibratoria que, al ser alcanzada, permite la entrada en un campo en el cual el chamán se puede comunicar con todo tipo de criaturas, sean seres elementales, piedras, plantas y animales entre otros. Esta comunicación no es verbal, sino simbólica o telepática. Mediante la magia natural es posible entrar en ese campo y la condición para ello es estar en armonía con las manifestaciones de la naturaleza, honrar a cada ser, cada entidad, cada espíritu elemental y, principalmente, tener claridad de intención. Algunas personas relatan haber tenido encuentros con gnomos, hadas y sílfides; otras afirman haber puesto su cuerpo en contacto con el fuego sin sufrir quemaduras. En definitiva, el tema no es una novedad creada por los buscadores de hoy día. Hay nativos norteamericanos que se conectan con los cuatro elementos de la naturaleza a través de los ancestros de ciertos clanes, como son el clan de la tortuga, que representa el elemento tierra; el clan del sapo, representante del elemento agua; el clan del ave del trueno, el halcón, representante del fuego, y el clan de la mariposa, que representa al elemento aire. Cada elemento tiene sus propias cualidades, que son puestas al servicio de la Madre Tierra y del Universo. Los cuatro elementos de la naturaleza se encuentran también en los rituales de Umbanda y Candomblé y son manifestados a través de los poderosos espíritus de la naturaleza, los Orishas. En la mitología griega hay una Divinidad responsable de cada manifestación natural. Según el alquimista inglés Francis Barrett, los cuatro elementos de la naturaleza constituyen la base original de todas las cosas, componiendo los cuerpos no por aglutinación, sino por transformación y unión. Cada uno de los cuatro elementos puede ser transformado en otro. Si la tierra se moja, se disuelve transformándose en líquido (agua). El agua se endurece y condensa al congelarse, transformándose en tierra. Cuando el agua se evapora al calentarse, se ve transformada en aire. Si el agua es quemada, se transforma en fuego. El fuego, cuando se apaga, se transforma en tierra. Y así sucesivamente. Todos estos procesos están resumidos en la ley de Lavoisier: *En la naturaleza nada se crea, nada se pierde, todo se transforma.* Platón atribuía tres cualidades a cada uno de los cuatro elementos: al fuego le otorgaba fluidez, claridad y movilidad; a la tierra oscuridad, densidad e inmovilidad; al aire fluidez, movilidad y oscuridad, y al agua oscuridad, densidad y movilidad. Con relación a esto, Barrett afirma lo siguiente:

Dos cosas son suficientes según Hermes, el fuego y la tierra, para que podamos realizar cosas prodigiosas. La primera es activa y la segunda pasiva. El fuego es brillante en el inicio y en el fin, cuando se manifiesta en todas las cosas y a través de todas las cosas. Es brillante y al mismo tiempo oculto y desconocido. En su estado puro (cuando está desvinculado de la materia y sin base para manifestar su acción específica), el fuego es ilimitado e invisible y es autosuficiente en todas las acciones propias de su naturaleza. Es uno y penetra en todas las cosas. Se extiende por el cielo y es reluciente, mientras que en el lugar de los infiernos es limitado, oscuro y aterrador. El fuego hace parte de los dos. Se encuentra en las piedras de las que puede ser extraído mediante un golpe con metal; en la tierra que al ser cavada expele humo; en el agua, calentando fuentes y pozos; en lo profundo del mar, que se calienta al ser agitado por los vientos, y en el aire que vemos arder, como sucede frecuentemente. Y en todos los animales y en todas las cosas vivas, como también los vegetales, que son preservados por el calor. Y en todo lo que vive, porque vive por causa del calor interno. (...) Ahora, la base y fundamento de todos los elementos es la tierra, pues esta es objeto, sujeto y receptáculo de todos los rayos e influencias celestiales. En ella están contenidas las semillas y las virtudes seminales de todas las cosas y, por tanto, el hecho de ser animal, vegetal y mineral. Volviéndose fructífera gracias a los otros elementos y a los cielos, produce todas las cosas a partir de sí misma. La tierra recibe la abundancia de todas las cosas y es, por así decir, la fuente primigenia de la que brota todo. Es el centro, el fundamento y la madre de todas las cosas...

Los otros dos elementos, a saber, el agua y el aire, no son menos eficaces que los primeros, ni la naturaleza está queriendo operar cosas maravillosas en ellos. La necesidad de agua es tan grande que sin ella nada puede vivir. Ninguna hierba o planta puede brotar sin ser regada. El agua es la virtud germinal de todas las cosas, especialmente de los animales, cuyo semen es de naturaleza acuosa. (...) Resta hablar del aire, que es un espíritu vital que permea a todos los seres, dando vida y subsistencia a todas las cosas, energizando y llenándolo todo. El aire recibe inmediatamente dentro de sí la influencia de todos los cuerpos celestes y la transmite al resto de elementos y a los cuerpos compuestos. Recibe también como si de un espejo se tratara la esencia de todas las cosas naturales y artificiales, así como todo tipo de expresión y las retiene, llevándolas consigo al interior de los cuerpos de los seres humanos y los animales a través de los poros, causando una impresión sobre ellos cuando están durmiendo o despiertos, abasteciendo a la materia para la realización de diferentes sueños y adivinaciones...

En la astrología, los cuatro elementos de la naturaleza simbolizan la función psíquica. El fuego está conectado con la percepción, con el modo en captamos lo que ocurre a nuestro alrededor sin necesidad del raciocinio. La tierra está asociada con la sensación, con el modo de sentir y soportar los acontecimientos. El aire está relacionado con el pensamiento y con la forma de comunicarnos y analizar nuestras reflexiones. El agua está ligada al aspecto emocional, a cómo trabajamos con nuestros sentimientos y emociones.

Los 12 signos del zodiaco están agrupados según los cuatro elementos de la naturaleza, basándose en ellos su temperamento.

- Signos de fuego: Aries, Leo y Sagitario. Son ardientes, románticos, espontáneos y autosuficientes.
- Signos de tierra: Tauro, Virgo y Capricornio. Son prácticos, conservadores, sensuales, prudentes y realistas.
- Signos de aire: Géminis, Libra y Acuario. Son comunicadores, idealistas y progresistas.
- Signos de agua: Cáncer, Escorpión y Piscis. Son emocionales, intuitivos, sensibles y profundos.

Para la astrología y la medicina china, existen cinco elementos básicos en la naturaleza: la madera, el fuego, la tierra, el metal y el agua. La teoría de los 5 elementos considera que el Universo está formado por el movimiento y la transformación de estos elementos, llamados principios. Entre ellos hay una relación de generación y dominio, en la que se encajan todas las manifestaciones de la naturaleza. Según la ley de la generación:

- La madera en su combustión genera fuego, por tanto, la madera es la madre del fuego.
- Cuando el fuego cesa, las cenizas son incorporadas a la tierra, por tanto, el fuego es la madre de la tierra.
- Dentro de la tierra se encuentran los metales, por tanto, la tierra es madre del metal.
- Del metal y de las rocas brotan las fuentes de agua, por tanto, el metal es la madre del agua.
- El agua da vida a los vegetales, formando la madera, por tanto, el agua es la madre de la madera.

Los 5 elementos son regidos por inhibición, restricción y control. Según la Ley de la dominación:

- La madera, a través de las raíces de los vegetales, inhibe a la tierra.
- La tierra represa y absorbe el agua.
- El agua apaga el fuego.
- El fuego derrite el metal.
- El metal corta la madera.

La sabiduría China relación a los 5 elementos con cada una de las manifestaciones del Universo, entre ellas la estación, la dirección, el clima, la acción, el humor y el sabor. En el siguiente cuadro se exponen algunos ejemplos de las características atribuidas a cada uno de los cinco elementos chinos.

	MADERA	FUEGO	TIERRA	METAL	AGUA
ESTACIÓN	Primavera	Verano	Pequeño Verano	Otoño	Invierno
DIRECCIÓN	Este	Sur	Centro	Oeste	Norte
CLIMA	Viento	Calor	Humedad	Sequía	Frio
ACCIÓN	Movimiento	Expansión	Distribución	Introspección	Concentración
HUMOR	Rabia	Alegría	Reflexión	Tristeza	Miedo
SABOR	Ácido	Amargo	Dulce	Picante	Salado

Según el ocultista y mago francés Éliphas Lévi, los espíritus se pueden clasificar y especificar de acuerdo con los cuatro elementos de la naturaleza. Los espíritus elementales son como niños, dice Lévi. A no ser que sean dominados por una razón elevada, tienden a atormentar sobre todo a los que se ocupan de ellos. Lévi afirmaba que, en muchas ocasiones, los elementales son responsables de los sueños inquietantes y los ruidos que escuchamos en las paredes y muebles. Los cuatro elementos de la naturaleza se asocian a diferentes seres elementales. Por ejemplo, los gnomos son espíritus de la tierra, las ondinas del agua, las salamandras corresponden al fuego y los silfos son espíritus del aire. De acuerdo con Lévi, en las antiguas iniciaciones, los magos precisaban pasar por algunas pruebas para poder trabajar con el mundo elemental, como podía ser alguna de las siguientes:

- Exponerse sin temor a un fuego. El hombre que teme al fuego no puede dar órdenes a las salamandras.
- Atravesar un abismo usando un tronco de árbol. Quien siente vértigo ha de dejar en paz a los silfos y no aborrecer a los gnomos.

· Subir a lo alto de una montaña escarpada en un día de tempestad.
· Atravesar nadando una cascada o remolino peligroso. Aquel que tiene miedo al agua nunca reinará sobre las ondinas

Geoffrey Hodson, teosófico y ocultista inglés que era estudioso de los elementales, nos dice que hay gran semejanza entre los mitos, leyendas y folklores de diferentes pueblos del mundo. Además, hay testimonios de personas de diferentes regiones que han tenido contacto con seres elementales, entre las que, humildemente, me incluyo. A estos relatos, Hodson añade que los espíritus elementales ligados con la tierra se presentan con forma semi humana, viven en el interior del suelo y tienen forma grotesca con figura esbelta y brazos largos. Los seres que están conectados con el elemento agua se asemejan a figuras femeninas de pequeño porte, nadan y juegan en lagos, ríos y cascadas, siendo sus movimientos gráciles. Los seres asociados al elemento fuego tienen forma de llama, con barbilla y orejas puntiagudas. Y los que están unidos al elemento aire, tienen el aspecto de las hadas de los cuentos infantiles; tienen alas, giran e irradian luz de colores, moviéndose con mucha rapidez. De todos los seres elementales, estos últimos son los más representados en las diferentes artes.

En la rueda medicinal, o arco sagrado de los nativos norteamericanos, los cuatro elementos de la naturaleza se clasifican en clanes y son los ladrillos para la construcción de toda la vida en la Tierra. A través de los clanes se accede a los poderes otorgados por los espíritus elementales, de quienes se obtienen más habilidades y opciones de camino para andar en la Rueda de la Vida.

CLAN DE LA TORTUGA: ELEMENTO TIERRA

Representado por el elemento tierra, es el más telúrico de todos los clanes. Este clan otorga a las personas estabilidad, practicidad, perseverancia y constancia. Es el clan de los movimientos lentos, aunque extremadamente organizados, realistas y cautelosos. Las personas influidas por este clan tienen habilidad para cuidar de la tierra, son buenas para defender cualquier cosa, les gusta construir y tienen capacidad para el cuidado de personas, animales y plantas. Cuando perdemos la conexión con la vida práctica, tenemos que recurrir al clan de la tortuga, aunque si utilizamos su energía en exceso, por el hecho de crear estabilidad, podemos volvernos fríos, inflexibles, manipuladores, temerosos y acomodados. En situaciones como esta, es mejor recurrir a los talentos de otros clanes.

BAÑO DE TIERRA

Hay diferentes ritos y ceremonias para el elemento tierra. Además de su significado mágico, el baño de tierra ofrece un excelente tratamiento de geoterapia, estando indicado para problemas en la piel, falta de energía o eliminar la energía negativa, aumentar la inmunidad, tratar el alcoholismo y trabajar con amores no correspondidos, entre otros. Esta ceremonia ha de ser iniciada al mediodía. Lleve consigo una pala y un paño de algodón. Ha de ir acompañado de alguien para que le ayude en la tarea o, en caso de un paciente, para ayudarle.

Busque un sitio virgen en la naturaleza. Pide permiso al guardián de la vegetación para realizar la ceremonia. Cave un agujero de unos 35 cm de profundidad y que tenga el tamaño necesario para poder acostarse dentro. Extienda el paño de algodón sobre la cavidad y acuéstese dentro con la cabeza fuera del hoyo. El asistente deberá envolverlo con la tela y cubrir su cuerpo con tierra. A partir de ese momento, concéntrese en silencio y haga sus peticiones al elemento tierra. Sería de gran ayuda si su ayudante pudiera tocar el tambor durante la ceremonia. Permanezca al menos durante 30 minutos bajo la tierra, o durante todo el tiempo en el que usted se sienta cómodo.

CLAN DEL SAPO: ELEMENTO AGUA

Este clan es el representante del elemento agua. Es el más fluido de todos los elementos. Mediante él aprendemos sobre nuestra propia fluidez, los cambios constantes y cómo permitir que la emoción prevalezca sobre la razón. Aprendemos a dejar que el corazón guíe a nuestra mente y a que las lágrimas limpien las heridas del pasado. Las personas que se encuentran bajo la influencia del agua, saben exprimir sus sentimientos y tienen el poder de tocar las emociones de los demás. Así como las aguas de un río, las emociones no deben ser represadas. Las personas influidas por este clan sienten una fuerte conexión con la Luna y gustan de estar cerca de lagos, ríos, cascadas y playas. Los poderes del clan del sapo son de limpieza y transformaciones lentas, pero firmes. Las personas de este clan generalmente tienen un talento especial para superar bloqueos emocionales, poseen habilidades psíquicas e intuitivas, pero deben ser cuidadosos al expresar sus sentimientos

CEREMONIA DEL AGUA

Esta ceremonia debe prepararse con 2 días de antelación. Es precedida por una caminata realizada con los ojos vendados, en la que se realizan juegos y bromas por el camino para despertar a nuestro niño interior. Así, al llegar el momento del ritual, el participante ya ha alcanzado el nivel vibratorio deseado. Realice la ceremonia en un lago, río o cascada, donde los participantes puedan estar con el agua hasta la cintura. Lo ideal es quitarse las ropas y adornos identificados con la materia. Se puede mantener los objetos espirituales tales como amuletos, crucifijos, estrellas, etc. Todos los participantes han de pasar por la purificación del cuerpo con hierbas (defumación) y posteriormente van entrando al agua en fila. Cuando todos están dentro del agua, meditamos sobre las emociones que queremos que sean llevadas hacia el fondo y pedimos a los espíritus de las aguas que ayuden a que nuestras emociones fluyan como el río. Inmediatamente, tras esta meditación invocamos al *Espíritu Brincalhão* (juguetón), mediante algún tipo de juego, para despertar al niño interior.

CLAN DEL PÁJARO DEL TRUENO: ELEMENTO FUEGO

Es también llamado el Clan del Halcón Rojo. El Clan del Pájaro del Trueno está representado por el elemento fuego. Es el clan de la vitalidad y la transformación. Las personas bajo su influencia son intensas y rápidas, pudiendo parecer paradójicas, pues, así como el fuego calienta, también puede quemar. Quienes están influidos por este elemento deben tener conciencia de esa dualidad de su naturaleza. Son personas carismáticas y pioneras, dado que están siempre innovando. Tienen coraje y son optimistas, aunque por otro lado pueden ser también dominadoras, sofocantes, ansiosas e incluso engañadoras. Tienen el poder de la innovación, la pasión y la transmutación

CEREMONIA DEL FUEGO

Son innumerables las ceremonias dedicadas al fuego en las más variadas tradiciones, desde el simple hecho de encender una vela hasta las grandes hogueras ceremoniales. En los rituales chamánicos, al amanecer, los participantes hacen el rito del silencio, permaneciendo absolutamente callados desde el momento en que despiertan hasta llegar la noche, cuando llegan al lugar donde se realizará la ceremonia. En el ritual matutino atravesamos los portales de la mata, ofreciendo Tabaco y harina de maíz a los espíritus guardianes de la naturaleza y les pedimos permiso para realizar la ceremonia. Los participantes se colocan en círculo, permaneciendo cada uno de ellos en el mismo lugar hasta la noche. A la hora convenida para el encuentro, todos se dirigen hacia el lugar de la ceremonia, entonando canciones de poder para cada portal de la naturaleza y portando antorchas encendidas como iluminación. Una vez llegados al sitio, el guardián del fuego, persona responsable de cuidar de la hoguera, la enciende, ofreciendo mantequilla o margarina vegetal a los elementales del fuego. Únicamente el guardián del fuego puede poner leña en la hoguera. En la dirección sur puede hacerse una pequeña hoguera destinada a los niños, y en esta los participantes sí pueden colocar leña para honrarla.

Al son del tambor, se van quemando los traumas, pesares y conflictos, de acuerdo con la visualización de cada participante y a través del fuego y del humo, nuestras peticiones son enviadas al Universo. Como en todas las vivencias chamánicas, las imágenes mentales son importantes. Cuando visualizamos nuestros pedidos, la imagen del resultado esperado aparece como si ya estuviera sucediendo.

CLAN DE LA MARIPOSA: ELEMENTO AIRE

Para muchos chamanes, el elemento aire es reconocido como el viento, pues este inspira a la acción, siendo el aire en movimiento. El clan de la mariposa representa al elemento aire. Es el clan de los cambios repentinos y del movimiento, y su intensidad puede variar desde una brisa suave hasta la fuerza de un huracán. Por ser el aliento de la vida, el aire va donde quiere y la persona que está bajo su influencia generalmente es ostentosa, despreocupada, idealista y visionaria. Son personas impulsivas que gustan de la comunicación. Pueden ser imprevisibles, debiendo tener cuidado para que un exceso de agilidad no venga a traerles trastornos o enfermedades. Es el clan al que recurrimos para trabajar con el intelecto, bajo la energía mental. Su característica es el cambio rápido y la creatividad, aunque las personas influidas por él pueden ser un poco desorganizadas.

CEREMONIA DEL FUEGO

El lugar ideal para cualquier ceremonia relacionada con el elemento aire es la montaña, algún espacio alto en el que puedan sentirse los vientos. Visualice mentalmente un círculo sagrado a su alrededor, que puede ser de piedras, colores, fuego, luces, etc. En dirección hacia el este, salude a los vientos de este punto cardinal, los cuales ofrecen iluminación y claridad. Girando el cuerpo en sentido horario, colóquese mirando al oeste y salude a los vientos de esta dirección, que otorgan intuición y nutrición. De nuevo gire en sentido horario posicionándose hacia el sur y salude a los vientos de esa dirección, que traen fe y confianza. Siempre en sentido horario, vuélvase hacia el norte, saludando a los vientos de la dirección, que traen armonía y sabiduría. Siéntese en dirección al norte, la dirección de los vientos. Haga conexión con sus ancestros chamánicos. Relájese y evite dejarse controlar por los pensamientos. Deje la mente en silencio para poder percibir los sonidos del alma. Perciba su propia música, su ritmo interno. Cuando sienta que es el momento, pregúntese mentalmente a sí mismo:

¿Quién soy yo?
En el caso de no obtener una respuesta positiva, dese a sí mismo una réplica. Por ejemplo:

¿Quién soy yo?
Respuesta interior: *Yo soy temeroso.*
Réplica: *No, yo no soy temeroso. Yo soy la conciencia pura.*

¿Quién soy yo?
Respuesta interior: *Yo soy ansioso.*
Réplica: *No, yo no soy ansioso. Yo soy la armonía de mi verdadero ser.*

¿Quién soy yo?
Respuesta interior: *Yo soy muy radical.*
Réplica: *No, yo no soy muy radical. Yo soy el que soy.*

Puede usar diferentes réplicas, por ejemplo: *Yo soy el amor, Yo soy Dios, Yo soy la alegría, Yo soy la salud, Yo soy la paz, Yo soy la tranquilidad, Yo soy el equilibrio, Yo soy la prosperidad etc.*

LAS DIRECCIONES

El culto a las direcciones está presente en diversas doctrinas mágico-religiosas, así como en las grandes pirámides de Egipto, que se encuentran orientadas al norte. Muchas personas meditan colocándose frente al este. Para los nativos norteamericanos, cada punto cardinal tiene un espíritu guardián que es responsable de las enseñanzas del tiempo, las estaciones y los poderes de cada dirección. Ellos nos muestran nuestros verdaderos talentos y la senda para caminar en armonía con la Madre Tierra. Chamanes de diversas tradiciones atribuyen poderes a las cuatro estaciones, marcadas por los solsticios y equinoccios. Los rituales de primavera, verano, otoño e invierno eran también practicados por los campesinos. En el chamanismo, la relación de las estaciones con las direcciones varía de acuerdo con cada cultura. No obstante, y de forma general, hay una correspondencia entre las estaciones y los puntos cardinales, que podemos representar de la siguiente forma:

- Primavera: Este.
- Verano: Sur (hemisferio norte) Norte (hemisferio sur)
- Otoño: Oeste.
- Invierno: Norte (hemisferio norte) Sur (hemisferio sur)

Esta correspondencia está relacionada con las características de las estaciones y las cualidades de los elementos de la naturaleza asociados a cada dirección. Por ejemplo, el este se asocia al nacimiento del Sol y a la renovación, características que se identifican con la primavera y el elemento fuego. En el hemisferio sur[25], la dirección norte se asocia al calor y a la energía, representando al verano y al elemento agua. El oeste se identifica con la puesta del Sol y la introspección, características conectadas con el otoño y el elemento tierra. Finalmente, el sur, en el hemisferio sur, se asocia al frío y a la solidez, características del invierno y el elemento aire.

MONTANDO UN ALTAR CHAMÁNICO

Usted puede montar un altar chamánico a las cuatro direcciones e invocar los talentos y características de cada una de ellas para sus meditaciones, rezos y peticiones. En primer lugar, medite sobre las características de cada dirección:

---

25 El autor ha realizado la traslación del significado tradicional de las direcciones, que ha sido definido en las tradiciones chamánicas del hemisferio norte, a la realidad del hemisferio sur. En el norte el frío viene del propio norte, mientras que en el hemisferio sur el frío proviene del polo sur. Por ese motivo hay dos interpretaciones opuestas en las dicciones norte y sur, mientras que el este y oeste mantienen el mismo significado.

DIRECCIÓN NORTE[26]

Según las diferentes tradiciones, el espíritu guardián de la dirección norte puede ser el puerco espín, el conejo o el coyote. Al igual que en el resto de las direcciones, es posible que haya más de un animal guardián (tótem).

Espíritu guardián: Coyote. Como norma general, este es tenido como un animal traicionero. Según el chamanismo el coyote nos aterroriza cuando nos olvidamos de nuestra inocencia, de nuestro niño interior.

Elemento: Agua

Símbolo: Colocar un vaso de agua en su altar chamánico.

Color: Rojo de la fe y de las emociones.

Reino: Vegetal.

Cuerpo: Emocional.

Cuerpo celestial: Luna.

Tiempo: Pasado

Talentos: Lugar de la fe y la confianza, de la inocencia y la humildad, de las emociones y los sentimientos, del niño interior, de los juegos y bromas. Siéntese en dirección al norte para hacer fluir sus emociones. Recurra al guardián de la dirección norte cuando se sienta desequilibrado emocionalmente, cuando esté afectado por sentimientos invalidantes, cuando dude de su capacidad para dar y recibir amor, cuando falte fe en el Creador y en el mundo, cuando se olvide de ser niño o cuando no tenga tiempo para divertirse.

---

26 Este significado es para los habitantes del hemisferio sur. Para las personas del hemisferio norte, debe considerarse este contenido como propio de la Dirección Sur.

Invocación: *¡Oh Espíritu de la dirección Norte, lugar de la confianza y la fe, portal de las emociones y del elemento agua, equilíbrame!* (Puede también citar a su animal guardián y otros talentos)

DIRECCIÓN SUR[27]

Espíritu guardián: Búfalo blanco.
Elemento: Aire.
Símbolo: Encender un incienso en su altar chamánico.
Color: Blanco del humo de la pipa sagrada.
Reino: Animal.
Cuerpo: Mental.
Cuerpo celestial: Estrellas.
Tiempo: Futuro.
Talentos: Lugar de la sabiduría y el conocimiento, de la belleza y la resonancia armónica, de la imaginación ilimitada y el intelecto, de los sabios ancianos y antepasados. Es la dirección para los rezos y agradecimientos. Es el lugar de la honra. Puede sentarse en dirección sur, por ejemplo, cuando se encuentre en época de exámenes o pruebas en los estudios. También cuando sientan que su vida necesita ser armonizada o, simplemente, cuando quiera agradecer por alguna gracia recibida. O también cuando quiera conectar con sus antepasados, ancestros chamánicos e incluso guías extraterrestres.

Invocación: *¡Oh Espíritu de la dirección Sur, lugar de la sabiduría y el agradecimiento, portal del conocimiento y el elemento aire, enséñame!*

---

27 Al igual que en la dirección anterior, el habitante del hemisferio norte ha de considerar estas características como Direccion Norte.

DIRECCIÓN ESTE

Espíritu guardián: Águila.
Elemento: Fuego.
Símbolo: Encienda una vela en su altar chamánico.
Color: Amarillo, que es el centro y la esencia del fuego.
Reino: Humano.
Cuerpo: Espiritual.
Cuerpo celestial: Sol.
Tiempo: Transitorio, momentáneo, pasajero.
Talentos: Lugar de la claridad y la iluminación, de la luz espiritual y el nacimiento del Sol. Es la dirección de la visión, de la visualización, del masculino elevado, la creatividad, la expansión de la conciencia, la imagen en acción y los espíritus. Es el lugar para nacer. Cuando quiera canalizar, siéntese en dirección al este. También cuando necesite claridad en su vida y precise ser más libre y creativo. Cuando no sea capaz de ver algunos aspectos de su ser. Cuando se sienta atrapado por la materia y necesite una mayor espiritualización.

Invocación: *¡Oh Espíritu de la dirección Este, lugar de la iluminación y la claridad, portal de la espiritualidad y del elemento fuego, ilumíname!*

DIRECCIÓN OESTE

Espíritu guardián: Oso gris.
Elemento: Tierra.
Símbolo: Colocar una piedra, un cristal o un tiesto con tierra en su altar chamánico.
Color: Negro de la oscuridad de la caverna.
Reino: Mineral.
Cuerpo: Físico
Cuerpo celestial: Tierra.

Talentos: : Es el lugar de la introspección y la intuición. Es el útero de la Madre Tierra, representado por la caverna del oso. Es el lugar de la muerte y el renacimiento, de la nutrición y la protección, del mundo subterráneo y de la oscuridad. Es el femenino profundo. Siéntese en dirección al oeste para encontrarse consigo mismo y meditar profundamente, cuando necesite ser alimentado con mayor energía física o cuando se sienta demasiado etéreo y necesite anclar los pies a la tierra. Es también la dirección para pedir equilibrio ecológico, alcanzar sus metas personales, conseguir silencio interior y salud física o cambiar de trabajo.

Invocación: *¡Oh Espíritu de la dirección Oeste, lugar de la* introspección y la intuición, portal de la salud y del elemento tierra, *cúrame!*

Pueden invocarse, además, dos direcciones añadidas, el Cielo y la Tierra.
- Cielo: *¡Oh gran fuerza masculina tras todo lo que existe, dame poder!*
- Tierra: *¡Oh gran fuerza femenina tras todo lo que existe, nútreme!*

Según los nativos norteamericanos, el Creador entregó unas tablas de piedra que contenían instrucciones para un *nuevo tiempo* a los guardianes de las razas humanas, roja, amarilla, negra y blanca. A continuación, advirtió que la paz en la Tierra, únicamente se alcanzaría cuando esos cuatro guardianes, cada uno representante de una dirección, se encontraran en el mismo círculo de paz. Si las tablas de piedra fueran arrojadas al suelo, es decir, sus instrucciones ignoradas, el resultado sería el apocalipsis o fin de los tiempos. Los guardianes de las tablas son:

- Guardián del Norte. La raza blanca, representada por los suizos.
- Guardián del Sur. La raza amarilla representada por los tibetanos.
- Guardián del Este. La raza roja, representada por los amerindios del clan del fuego.
- Guardián del Oeste. La raza negra, representada por los africanos.

En diferentes culturas, las cuatro direcciones son conocidas por los nativos como *los cuatro vientos* o *los cuatro espíritus guardianes*. En el cristianismo, las cuatro direcciones están asociadas a los cuatro Arcángeles, espíritus celestiales que intervienen como mensajeros en misiones especiales. Ezequiel, en su visión del trono del Señor, decía que este era guardado por cuatro Ángeles, con rostros de león, toro, hombre y águila. Aunque exista alguna versión diferente de esta, el significado del nombre de los cuatro Arcángeles encaja perfectamente en el estudio de las cuatro direcciones:

- Miguel. Protector del Norte, lugar de la paz y la resonancia armónica. El nombre Miguel significa *Quien es como Dios*. El norte es la dirección del conocimiento y de la sabiduría. Miguel es el guardián de la paz y la armonía.
- Gabriel. Protector del Sur, lugar de las emociones, los sentimientos, el amor, la pureza y la inocencia. El nombre Gabriel significa *Hombre de Dios*. Este es el Arcángel que anunció la venida de Jesús, Rey del Amor, a la Virgen María.
- Uriel. Protector del Este, lugar de la iluminación y el fuego. Uriel significa *Luz de Dios* o *Fuego de Dios*.

· Rafael. Protector del Oeste, lugar del cuerpo físico y de la cura. El nombre de Rafael significa *Curado por Dios* o *Curador de Dios*.

En el antiguo Perú, los incas también invocaban a las fuerzas de los 4 puntos cardinales, de forma notoria en el ritual de la Cocamama:

· Norte: Uno
· Este: Dios Inti
· Sur: Pachamama
· Oeste: Huaira

Los mayas hacen referencia a cada una de las cuatro direcciones, como si se trataran de una morada:

· Norte: Morada de la sabiduría y la purificación.
· Sur: Morada de la vida y la expansión.
· Este: Morada de la luz y la generación.
· Oeste: Morada de la muerte y la transformación.

Los védicos se referían a los cuatro puntos cardinales y al tiempo como emanados de la palabra. En la tradición védica, que es una de las más antiguas religiones de la India, la palabra tiene un papel fundamental en la creación del Universo. Afirma que el Universo fue creado a partir del sonido primordial *OM* y que la palabra es la fuente de todas las cosas. Los cuatro puntos cardinales y los cuatro elementos de la naturaleza (tierra, aire, fuego y agua) son considerados como manifestaciones de ese sonido primordial y se reverencian como sagrados. Además de eso, la tradición védica atribuye también gran importancia a los ciclos naturales, incluyendo las estaciones del año, las cuales se tienen como parte del ciclo de la vida y la muerte, de la creación y la destrucción.

CAPÍTULO IX

LAS RUEDAS

Las ruedas o círculos representan a la totalidad. En la India son un instrumento para acceder al Yo Profundo, el Ser verdadero y se conocen como *mandalas*. Según Carl G. Jung, el mandala se encuentra en nuestra propia alma humana, mostrándose en los sueños y en las imágenes creadas por nuestro inconsciente. El círculo es el símbolo del Sol, del Cielo y de la eternidad. En la tradición China el Yin Yang tiene forma circular, siendo el Yin el principio de las manifestaciones pasivas, frías y oscuras del Universo y el Yang el principio encontrado en las manifestaciones activas, calientes y luminosas.

El círculo es el símbolo usado para representar a los astros, a los ciclos celestes, a las revoluciones planetarias y al espacio infinito, sin comienzo y sin fin. El hombre contempla el mundo físico a través de sus ojos, que son circulares, así como la Tierra, la Luna, el Sol y los planetas. El tiempo transcurre en movimiento circular y muchos ritos y ceremonias observan el sentido horario. Los pájaros construyen sus nidos en forma circular y también en forma de círculo, los animales delimitan su territorio. El círculo es un símbolo ampliamente utilizado en diversas culturas y tradiciones alrededor del mundo, representando la unidad, la totalidad y la perfección.

En la astrología, el zodiaco se divide en 12 signos que se representan en un círculo, indicando la rotación de la Tierra Alrededor del Sol. En la Umbanda, los *Pontos de Força* se diseñan en círculos para de marcar la presencia de los Orishas y de las entidades espirituales. En los laboratorios se utiliza el círculo para representar soluciones, reacciones o compuestos químicos en los experimentos. En los calendarios se utiliza el círculo para marcar los días importantes o festivos. En los altares y templos, se utiliza el círculo como un espacio sagrado para rituales y prácticas religiosas. En resumen, el círculo es un símbolo que representa la unidad y la totalidad y es utilizado en multitud de áreas como una forma de representar y simbolizar conceptos importantes.

En el pasado el hombre observaba los cielos a ojo desnudo, sin instrumentos sofisticados. Veía los planetas, las estrellas y otros cuerpos celestes y hacía registros de sus observaciones. En algunas culturas, como en la de los mayas y los aztecas, se construyeron observatorios astronómicos para ayudar en estas observaciones y registros. Además de eso, el hombre también observaba los movimientos de los astros, relacionándolos con fenómenos terrestres tales como las estaciones del año, las épocas de plantío y cosecha, entre otros. Esas observaciones y conocimientos se traspasaron de generación en generación, la mayor parte de las veces en forma oral, aunque también han sido registradas por escrito por diferentes culturas a lo largo de la historia. La rueda medicinal de los chamanes se confecciona en forma de círculos concéntricos, que revelan cómo alinear y armonizar las fuerzas cósmicas en nuestro interior, para que alcancemos el autoconocimiento y obtengamos sanación. Existen diferentes ruedas en varias tradiciones chamánicas, siendo también conocidas como arcos sagrados, ruedas medicinales o ruedas de cura. La rueda medicinal no solamente representa el pequeño universo individual de nuestra propia vida. Cuando un chamán confecciona una rueda, está construyendo una representación simbólica del Universo y de la mente universal, cuyo *todo* está conectado armoniosamente con todos los seres.

LA RUEDA MEDICINAL

Pueden encontrarse vestigios de ruedas medicinales en todo el mundo, desde los grandes círculos de piedras de Europa hasta los mandalas de la India, según Sun Bear. En el chamanismo la rueda de la medicina es un instrumento de cura utilizado para sintonizar al hombre con las influencias y las fuerzas de la Tierra y con las energías de la naturaleza, que afectan a su vida.

Las ruedas medicinales de los nativos norteamericanos se confeccionan con los *Seres Piedra*. Se disponen 36 piedras alineadas de forma circular. Los pasos de la danza en la rueda medicinal son bien simples. Se representan mediante 36 posiciones de relaciones correctas y de respeto hacia todos los seres —minerales, vegetales, animales y espíritus— que habitan en la Madre Tierra. Cada posición en la rueda afecta directamente a algún área de la vida humana. Para comprender esta visión es importante dejar de lado las ideas preconcebidas, permitiendo a la imaginación ir más allá de la dimensión intelectual, llamando así a nuevas aperturas y relaciones con las intensas energías de cura de la Tierra.

Según la visión chamánica, el alma entra en el cuerpo físico antes del nacimiento, trayendo las cualidades, puntos fuertes y potenciales, así como las lecciones de vida que necesita aprender para su evolución. El momento del nacimiento marca la entrada en la rueda de la medicina, el círculo de la vida, acompañados por nuestro espíritu animal. En ese momento, nuestro potencial es completo y tenemos todo lo que necesitamos espiritualmente para seguir el camino de la vida. El estudio de la rueda medicinal rescata la conexión con todos los aspectos de la vida y nos ayuda a comprender los trazos del pasado que influyen en nuestro presente y que afectarán al futuro. Lucy Harner, en su libro *Shamanic Astrology* (Astrología chamánica), afirma que:

Una diferencia básica separa a los sistemas chamánicos y occidentales de astrología, claramente explicados por K. Meadows. Este describe la astrología occidental con un cinturón imaginario o constelación fija alrededor de la Tierra, mientras que la astrología chamánica está más adaptada a nuestro ambiente particular que la astrología occidental. Como la astrología chamánica se basa en el círculo natural de las estaciones del año y del Sol, los signos astrológicos cambian de un hemisferio a otro.

A lo largo de estos años, en mi estudio de los pasos de la danza de la rueda medicinal, he ido observando que me estaba moviendo de acuerdo con el ángulo del hemisferio norte, el cual está adoptado como referencia a universal. A partir de 2003, comencé a practicar la danza según la realidad del hemisferio sur y pude comprender que vivir en conformidad con las estaciones del año es una de las llaves para tener equilibrio con la Madre Tierra. En el baile de las estaciones, cuando es invierno en el hemisferio norte es verano en el hemisferio sur. Las estaciones son opuestas. De forma tradicional, los mapas mundi muestran el hemisferio norte en la parte superior y el sur en la inferior. Esta convención fue establecida de forma arbitraria por el astrónomo Ptolomeo. Esto significa que, si invertimos la orientación de los hemisferios, colocando el sur arriba y el norte abajo, también será correcto. Tal inversión en la forma de visualizar el planeta nos posibilita caminar en la rueda de la vida de acuerdo con la realidad ecológica de cada región. Siendo la referencia universal, el hemisferio norte fue adoptado como tal en las dos ediciones anteriores de este libro, pero en esta edición la rueda medicinal pasa a tener al hemisferio sur como referencia.

Hay muchas versiones de la rueda de la medicina y diversos autores en los Estados Unidos presentan diferencias en cuanto a los animales, colores, nombres y posiciones, aunque esto no cambia la esencia de esta. Según la escritora norteamericana Jamie Sams: *La totalidad de las 487 tradiciones y tribus de América del norte tiene sus propias ruedas de cura con sus propios significados, siendo diferentes para cada dirección, pero muy semejantes en general.* Kenneth Meadows, respetado autor por su trabajo de adaptación de la sabiduría de América al mundo moderno, en su libro *The Médicine Way, A Shamanic Path to Self Mastery*, afirma:

Las direcciones de la rueda de cura no se sincronizan con las de las tradiciones esotéricas occidentales, que colocan la tierra en el norte, el aire en el este, el fuego en el sur y el agua en el oeste. Hay una discrepancia de 90º, como si el círculo recibiese un ajuste direccional completo —que de hecho tiene— y supone la diferencia. La cruz en el interior de un círculo de las tradiciones occidentales y la rueda de cura de los indios norteamericanos son símbolos idénticos, aunque alineados de manera diferente. No se trata de acierto o error, ni de ser mejor o peor que el otro. Son orientaciones diferentes y la diferencia es importante, pues no solamente provocan un cambio de actitud, sino que también modifican la respuesta y los resultados alcanzados. Durante siglos la cruz en el interior de un círculo ha sido utilizada como herramienta mágico-ceremonial del metafísico experimental, del ocultista, del brujo y del místico.

El camino occidental se ha representado a veces como el camino del modelador sabio, siendo esta una buena definición, pues la rueda está alineada con el objetivo de modelar y amoldar. Las tradiciones occidentales hacen énfasis en la determinación con la mente y en la obtención de los efectos deseados de acuerdo con la voluntad. Son esencialmente formas de ganar control y dominio sobre las fuerzas invisibles de la naturaleza, y de los elementos de direccionar la energía para atraer a la realidad física aquello que es deseado o imaginado en la mente mediante el intelecto e impelido por la voluntad, la cual es alimentada por las emociones. (...) Aspectos negativos de este abordaje se infiltraron en los niveles internos y encontraron su expresión en la vida de aquellos que no tienen una visión o preocupación por alcanzar una imagen holística del Universo. La manipulación, no solamente de energía sin sustancia, sino también de la mente de los seres humanos, ha sido un subproducto. La explotación de los reinos mineral, vegetal y animal, que comparten la tierra y su ambiente con nosotros, ha causado estragos al planeta y a su sistema de soporte de vida. Es vital que se realice un cambio de enfoque, volviéndonos vigorosamente en dirección a la armonía, el equilibrio y la belleza hacia el caminar con el corazón.

Hay diferentes formas de trabajo y su experiencia con la rueda le enseñará su propio método. Recuerde que el simple hecho de construirla ya posibilita el acceso a sus poderes. Una de las maneras de experimentar el trabajo con la rueda medicinal es, tras la ceremonia de confección de la propia rueda, acceder al animal guardián para que este le conduzca a través de los caminos, o incluso mentalizar profundamente nuestras cuestiones con los ojos cerrados, mientras pasamos la mano derecha por cada piedra, hasta sentir un calor en la palma, que corresponderá a la piedra indicada. Al ver una rueda medicinal diferente de la que está estudiando, evite juzgar con ligereza afirmando que esta o aquella es la correcta. Como hemos visto, hay diferentes abordajes respecto a la rueda medicinal y todos son válidos. Debemos ser humildes y evitar hacer críticas irreflexivas. Antes de emitir su opinión, pregunte al otro cuánto tiempo lleva estudiando el asunto, cómo hace girar la rueda y si realmente ha sido efectivo ese enfoque con las personas. Dicho esto, vamos ahora a abrir nuestro estudio de la rueda para el hemisferio sur. A través de mi investigación, del contacto con chamanes y de la canalización del conocimiento ancestral, he elaborado la rueda medicinal *Vuelo del Águila*, que comparto aquí con el lector. En este abordaje asociamos los puntos cardinales a los cuatro elementos de la naturaleza.

· Norte: Agua[28]
· Este: Fuego
· Sur: Aire[29]
· Oeste: Tierra

---

28 En el hemisferio norte el elemento es agua.

29 En el hemisferio norte el elemento es aire.

CEREMONIA DE CONSTRUCCIÓN
DE UNA RUEDA MEDICINAL

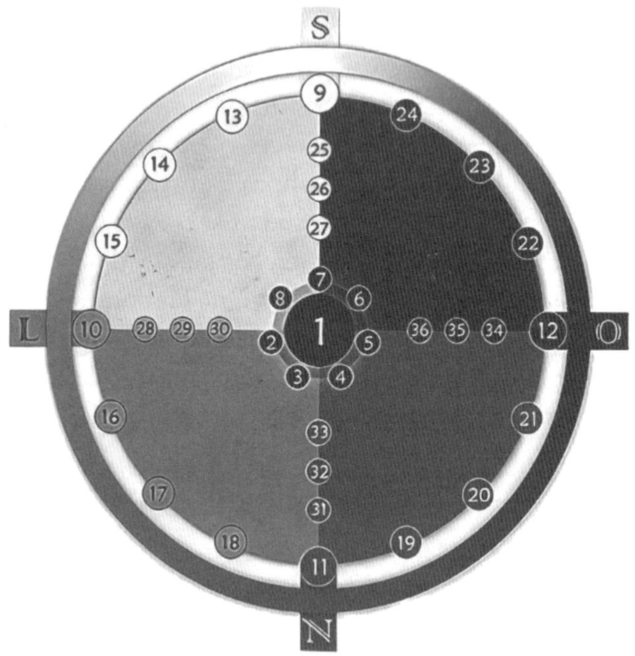

FIGURA 9. La rueda de la medicina del hemisferio sur. (Dibujo: Pablo peinado. Archivo del autor)

Comience seleccionando las 36 piedras que va a utilizar. Pueden ser trozos de cuarzo, piedras de río o cualquier otra que transmita una sensación de poder. Purifique el espacio con salvia u otras hierbas. Realice la limpieza sobre sí mismo y sobre todas las piedras. Invoque a los poderes correspondientes a la posición de cada piedra y ofrezca un pellizco de Tabaco. En el caso de que se encuentre en la naturaleza, coloque el Tabaco debajo de cada piedra. Si se encuentra usted dentro de casa, utilice un recipiente con tierra para honrar a las 36 posiciones. Coloque las piedras siempre siguiendo el sentido antihorario, conforme al diagrama de la rueda medicinal del hemisferio sur. En el hemisferio Norte, en sentido horario, cambiando el Sur por el Norte, es decir, el Norte en la parte superior.

1 El Creador	19 Luna del Sol Fuerte
2 Madre Tierra	20 Luna de los Frutos Maduros
3 Padre Sol	21 Luna de la Cosecha
4 Abuela Luna	22 Luna del Vuelo de los Patos
5 Clan de la Tortuga / Tierra	23 Luna Helada
6 Clan del Sapo / Agua	24 Luna de las Grandes Nieves
7 Clan del Pájaro del Trueno / Fuego	25 Limpieza
8 Clan de la Mariposa / Aire	26 Renovación
9 Sur	27 Pureza
10 Este	28 Claridad
11 Norte	29 Sabiduría
12 Oeste	30 Iluminación
13 Luna de la Renovación de la Tierra	31 Crecimiento
14 Luna de la Calma y la Purificación	32 Confianza - Fe
15 Luna de los Grandes Vientos	33 Amor
16 Luna del Florecer de los Árboles	34 Experiencia
17 Luna del Retorno de los Sapos	35 Introspección
18 Luna de la Plantación de Maíz	36 Fuerza

- Piedra 1. **El Creador.** La primera piedra se coloca en el centro de la Rueda y representa al Creador, que nos enseña sobre nuestra propia capacidad de crear, sobre nuestra fe, nuestro sentido de lo Sagrado y lo que necesitamos para estar completos. Representa al Ser. En ocasiones se colocaba el cráneo de un búfalo en este lugar central, como asiento de la mente y la conciencia. Este símbolo es la representación de Wakan Tanka, el Gran Espíritu, el Todo y la Nada. Por ser el Todo no tiene un tótem animal, vegetal o mineral, ni color alguno asociado en esta posición de la Rueda. Simboliza el comienzo y fin de la vida, la energía Universal, el pulso Sagrado y la Fuerza sin fin. Es la posición a la que recurrimos para tener más entendimiento del Universo y buscar nuestra fe.

En torno al Creador se forma un círculo central construido con 7 piedras, que simbolizan los cimientos de los bloques de la vida. Esas 7 piedras, junto al Creador, representan la vida y la visión y, sumadas a las 4 direcciones (Norte, Sur, Este y Oeste), representan las energías existentes en el mundo antes de la humanidad.

· Piedra 2. **La Madre Tierra.** Representa el Amor y los nuevos comienzos de la Madre Tierra, que nos proporciona nuestro hogar y nuestras vidas. En muchas ruedas medicinales se plantaba un árbol para representar a la Madre Tierra. Nos enseña sobre la nutrición femenina. Esta posición de la Rueda nos ayuda cuando tenemos problemas de infertilidad, para preparar a los futuros padres para el nacimiento de sus hijos, para volverse más amoroso con los hijos y meditar en torno a cuestiones ecológicas y ambientales.

· Piedra 3. **El Padre Sol**. Asociado al crecimiento y a la claridad. Es donde vamos a dirigirnos en busca de energía para la expansión de la vida. Esta posición ofrece conocimiento sobre el aspecto masculino. Es el lugar para recurrir en busca de coraje, para decir

"¡no!", cuando es necesario establecer límites. Invocamos aquí a la Fuerza curativa del Sol.

· Piedra 4. **La abuela Luna.** Es la guía de nuestros sueños y visiones. Nos da intuición y habilidad psíquica. Nos enseña sobre la sexualidad y sensualidad, sobre las emociones y sobre conocer de forma amable las partes más sombrías de nuestro ser.

Los Clanes Elementales representados por Agua, Tierra, Fuego y Aire nos dan instrumentos para utilizar sus poderes y establecer una profunda conexión con el Universo y con nuestro interior y, junto a las 4 piedras restantes, nos recuerdan la "Ley de las Octavas".

· Piedra 5. **Clan de la Tortuga/Tierra**. Para cuando nos sentimos lejos del suelo. Nos ayuda a conectar con la energía de la Tierra. Nos enseña a adquirir organización, perseverancia, estabilidad, practicidad y discernimiento en los diferentes puntos de vista.

· Piedra 6. **Clan del Sapo/Agua.** Poder de limpieza y transformación. Para fluir con las emociones. Para limpiar heridas, rencores, culpas y bloqueos emocionales. Esta posición otorga una fuerte conexión con la Luna, lo que facilita el desarrollo de las habilidades intuitivas.

· Piedra 7. **Clan del pájaro del Trueno/Fuego**. Vitalidad y transformación. Trae dones de carisma, coraje y optimismo. Sus poderes están relacionados con las pasiones, innovación y transmutación. Nos enseña a lidiar con la dualidad y a templar nuestra propia intensidad.

· Piedra 8. **Clan de la Mariposa/Aire** . Nos enseña sobre nuestras necesidades y capacidades reales. Nos ayuda a sentirnos más libres, creativos y etéreos, cuando nos encontramos atrapados por pensamientos recurrentes o en las cuestiones materiales. Es la posición para la comunicación y los cambios rápidos.

Dividimos el círculo en 4 cuadrantes, colocando una piedra en cada una de las direcciones cardinales que representan la energía de cada una de las direcciones y sus Espíritus Guardianes, dándonos el poder de la dirección a que representan, así como el poder del momento del día, mes y año que cada una representa. También representan el poder de un animal, vegetal, mineral, color, etc., según fue explicado en el capítulo anterior.

- Piedra 9.   **Dirección Sur.**
- Piedra 10.   **Dirección Este.**
- Piedra 11.   **Dirección Norte.**
- Piedra 12.   **Dirección Oeste.**

Ahora recorreremos el camino del entendimiento y la celebración de los cambios que sufrimos en nuestra vida representando las piedras a las 12 lunas, que distribuyen sus enseñanzas a través de sus tótems. La Luna de nuestro nacimiento determina nuestro punto de partida en la rueda[30].

· Piedra 13. **Luna de Renovación de la Tierra**. Nos muestra como ser claros, adaptables, prudentes y sabios.

---

30 N del T. En el hemisferio norte seguiríamos el mismo orden, pero girando en sentido horario.

- Piedra 14. **Luna de la Calma y la Purificación.** Ayuda a desarrollar habilidades físicas, a descubrir talentos ocultos, a tener coraje, a ser humanitario y cultivar su lado gentil y suave.

- Piedra 15. **Luna de los Grandes Vientos.** Nos otorga sensibilidad, búsqueda de la espiritualidad, facilidad para expresar los sentimientos. La necesidad de pisar tierra.

- Piedra 16. **Luna del florecimiento de los árboles.** Nos instruye sobre la energía, la audacia y el optimismo. Enseña a canalizar la energía y a ser paciente con los demás.

- Piedra 17. **Luna del retorno de los Sapos.** Otorga perseverancia, practicidad y equilibrio Cielo/Tierra en nuestro interior. Para mantener nuestro entorno en orden y belleza.

- Piedra 18. **Luna de la plantación de Maíz.** Habilidades curativas. Nos muestra los trozos separados de nuestra personalidad. Otorga habilidad creativa y nos enseña sobre la belleza propia y de los demás.

- Piedra 19. **Luna del Sol Fuerte.** Conexión con el corazón, inspiración y autoexpresión. Enseña la importancia de las emociones y de un hogar fuerte. También sobre las relaciones.

- Piedra 20. **Luna de los frutos maduros.** Muestra cómo trabajar desde el centro del corazón, a mostrar afecto, encarar temores, a desarrollar habilidades de liderazgo y adquirir coraje.

- Piedra 21. **Luna de la Cosecha**. Enseña sobre el buen juicio y la justicia. Sobre la imparcialidad, el buen sentido, la capacidad de análisis y la racionalidad y a entender el verdadero significado del trabajo y el deber.

- Piedra 22. **Luna del Vuelo de los Patos**. Atrae la energía del Sol y de la Tierra. Enseña a entender las relaciones entre los grupos y a cambiar rápidamente de planes.

- Piedra 23. **Luna Helada**. Muestra cómo focalizar las energías, la adaptabilidad y la capacidad de llegar hasta nuestros mayores miedos. También proporciona habilidad para crear cambios, curiosidad y deseo por la verdad.

- Piedra 24. **Luna de las Grandes Nieves**. Para percibir los sentimientos de los demás y ser flexibles para vivir la dualidad. Da fuerza mental y ayuda a ser suaves y fuertes al mismo tiempo.

Las piedras que siguen nos remiten al camino espiritual a que conduce cada una de ellas y a su Espíritu Guardian a lo largo de la rueda. Nos enseñan las cualidades que son necesarias para ir desde cualquier parte de la rueda hasta el centro. Constituyen el mapa de los caminos físico, mental, emocional y espiritual.

- Piedra 25. **Limpieza**:
Nivel Físico – Para desintoxicar el cuerpo y librarlo de impurezas.
Nivel Mental – Para eliminar viejas ideas y pensamientos inadecuados.

Nivel Emocional – Para desbloquear emociones.
Nivel Espiritual – Para saber lo que realmente es Sagrado para nosotros.

· Piedra 26. **Renovación**:
Nivel Físico – Para renovar la salud y revitalizar el cuerpo.
Nivel Mental – Para adquirir nuevas perspectivas e ideas.
Nivel Emocional – Para amarnos a nosotros mismos y cuidarnos mejor.
Nivel Espiritual – Para renovar la fe en el Creador y en la bondad de la vida.

· Piedra 27. **Pureza**:
Nivel Físico – Para ver el mundo con los ojos de un niño y tener entusiasmo.
Nivel Mental – Para eliminar prejuicios, cinismo y sarcasmo.
Nivel Emocional – Enseña sobre la integridad, honestidad y espontaneidad.
Nivel Espiritual – Este es el lugar del equilibrio y del *dar*. Es el lugar de la autorrealización.

· Piedra 28. **Claridad**:
Nivel Físico – Para simplificar la vida.
Nivel Mental – Para darnos conciencia, comunicarnos de forma directa y tener lucidez.
Nivel Emocional – Para ser más espontáneos y desbloquear energías.
Nivel Espiritual – Para tener mejor conexión espiritual y ser receptor de la energía universal.

- Piedra 29. **Sabiduría**:
Nivel Físico – Para conocer los límites del cuerpo y trabajar con este.
Nivel Mental – Habilidad para discernir y equilibrar la experiencia con el entendimiento.
Nivel Emocional – Para incrementar la madurez y el sentido de estabilidad.
Nivel Espiritual – Para decidir hacernos sabios en nuestra propia vida.

- Piedra 30. **Iluminación**:
Nivel Físico – Para permitir que la energía Sagrada revitalice nuestro cuerpo.
Nivel Mental – Cuando sea necesario utilizar la intuición respecto a las verdades de la vida.
Nivel Emocional – Para dejar fluir el amor incondicional y la paz.
Nivel Espiritual – Para tener el entendimiento Divino y compartir esta enseñanza con los demás.

- Piedra 31. **Crecimiento**:
Nivel Físico – Expansión, cambios. Para desarrollar el cuerpo físico.
Nivel Mental – Para expandir los conocimientos y aprender más sobre cualquier asunto.
Nivel Emocional – Para enriquecer las emociones y entender nuestros límites.
Nivel Espiritual – Para asumir responsabilidad por las propias experiencias.

- Piedra 32. **Confianza**:
Nivel Físico – Para la aceptación del cuerpo y entregarnos a la vida.

Nivel Mental – Para abandonar las viejas sospechas y fortalecer nuestras creencias.

Nivel Emocional – Para la capacidad de dar y recibir amor.

Nivel Espiritual – aprender sobre la fe verdadera.

· Piedra 33. **Amor**:

Nivel Físico – Para tener más placer en las relaciones, energía sexual y afecto.

Nivel Mental – Cura de los problemas emocionales, reconocimiento y estima.

Nivel Emocional – Para encontrar devoción y ternura. Compasión, éxtasis y pasión.

Nivel Espiritual – Amor incondicional, devoción, aceptación. Conexión con el Creador.

· Piedra 34. **Experiencia**:

Nivel Físico – Habilidades concretas, memoria corporal, pericia.

Nivel Mental – Aprender a juzgar nuestros propios errores y asentar lo aprendido.

Nivel Emocional – Mejorar la confianza y relajar los sentimientos.

Nivel Espiritual – Mejorar el autoconocimiento e interiorizar lo aprendido.

· Piedra 35. **Introspección**:

Nivel Físico – Para encontrar refugio y sosiego. Para trabajar interiormente con el cuerpo.

Nivel Mental – Nos ayuda a reflexionar y pensar antes de hablar. Utilizar la sabiduría interna.

Nivel Emocional – Sentimientos verdaderos. Para alejarse de los pensamientos negativos.

Nivel Espiritual – Para aprender a meditar y ganar mayor conciencia sobre la vida.

· Piedra 36. **Fuerza**:
Nivel Físico – Paciencia, resistencia, fuerza y firmeza.
Nivel Mental – Disciplina mental, coraje, mayor determinación y seguridad
Nivel Emocional – Para volvernos más concentrados y equilibrados.
Nivel Espiritual – Cuando necesitamos fuerza para percibir nuestra conexión con el Creador.

PARA DESCUBRIR SU PUNTO
DE PARTIDA EN LA RUEDA

La Luna que predominaba en el momento de nuestro nacimiento determina el punto de partida en la rueda de la vida. Algunos astrólogos utilizan las lunas como base del "horóscopo indígena", en el que se usan como símbolo a los tótems animales de cada una de ellas. Comprueba en la relación que sigue: (fuente de los datos: *Dancing with the Wheel - Sun Bear*):

- Del 22 de diciembre al 19 de enero – Renovación de la Tierra – Ganso de las Nieves.
- Del 20 de enero al 18 de febrero – Calma y Purificación – Alondra.
- Del 19 de febrero al 20 de marzo – Grandes Vientos – Puma.
- Del 21 de marzo al 19 de abril – Florecer de los árboles – Halcón Rojo.
- Del 20 de abril al 20 de mayo – Retorno de los Sapos – Castor.

- Del 21 de mayo al 20 de junio – Plantación de Maíz – Ciervo
- Del 21 de junio al 22 de julio – Sol Fuerte – Pájaro Carpintero.
- Del 23 de julio al 22 de agosto – Frutos Maduros – Esturión.
- Del 23 de agosto al 22 de septiembre – Cosecha – Oso Pardo.
- Del 23 de septiembre al 23 de octubre – Vuelo de los Patos – Cuervo.
- Del 24 de octubre al 21 de noviembre – Helada – Serpiente.
- Del 22 de noviembre al 21 de diciembre – Grandes Nevadas – Alce.

En el trabajo con la Rueda de la medicina, la meditación o visualización son el vehículo; el tambor, la respiración, los movimientos y las vivencias son el combustible, y el misterio es el conductor. Unidos ofrecen posibilidades para ver, sentir, percibir y comprenderse a sí mismo, así como a conectar con la energía personal y la sagrada energía del Universo. Al aprender un poco más sobre las estaciones, las lunas, los reinos y los espíritus guardianes, nos movemos en dirección al espacio sagrado del Gran Espíritu. Para los momentos en que necesite obtener ayuda en situaciones difíciles, coloco a continuación una lista de las posiciones de la rueda en las que debe meditar para acceder a sus poderes particulares.

SITUACIÓN	PIEDRA
Adaptación, falta de	6
Alejamiento	6 -7
Ambición, falta de	3 -16 -20 -23
Amor, falta de	11 -33 -19
Ansiedad	1 -2 -5
Armonía	17 -8 -22
Cambios, deseo de	1 -6 -5
Creencia, falta de	13 -19 -22 -32
Compulsión, vicios	5
Coraje	1 -5 -7 -20
Conciencia ecológica	2 -15 -22
Contacto con el suelo, falta de	5 -13 - 21
Corazón roto	11
Creatividad, falta de	1 -10
Culpa	2 -5 -11 -32 -33
Cura emocional	11
Cura mental	9
Cura física	12
Cura espiritual	10
Decisión, falta de	13 -20 -21
Depresión	7 -10 -16
Desesperación	1 -31 -32 -33
Disciplina, falta de	3 -9 -11 -13 -36
Dudas	1 -13 -32
Egoísmo	7 -17 -21
Emociones reprimidas	4 -6 -15 -28

Energía, falta de	3 -10 -7 -18 -16
Envidia y celos	19 -32 -33
Estabilidad, falta de	2 -5 -13
Estrés	1 -14 -18
Felicidad	6 -14 -16 -33 -32 -34
Flaqueza o debilidad	12 -36
Habilidades psíquicas, mejorar	4 -10 -14
Humor, falta de	8 -11 -14
Inmadurez	9 -12
Infertilidad	2 -4
Injusticia	24
Intuición	4 -12 -14 -32
Irritabilidad	8 -14 -19
Límites, falta de	5 -13
Límites demasiado rígidos	15 -22
Miedo	16 -20 -24 -36
Motivación, falta de	7
Odio	19 -22 -33
Pereza	16 -17 -21
Pesimismo	10 -16
Posesividad	24 -32 -33
Protección, deseando	1 -2 -5 -7 -15
Rejuvenecimiento	11
Relaciones, dificultades	11 -19 -32
Resentimientos	21 -22 -33
Responsabilidad, falta de	5 -13 21
Responsabilidad en exceso	6 -8 -14

Rutina, esclavo de	16 -18
Sabiduría	3 -9 -10 -21 -29
Sensibilidad, falta de	15 -19 -20
Sensibilidad, deseando	4 -19
Sensualidad, explorando	4 -20 -23
Seriedad, exceso de	8 -14 -19 -24
Sexual, problema	4 -11
Sombra, examinar	4 -19 -22 -23
Socios, buscar	2 -3 -4 -6 -11
Temor	6 -8
Tensión	4 -14 -18 -22
Tóxicos, intoxicación	25 -27
Tradición, búsqueda de la	13
Tranquilidad	2 -13
Transformación	Todas las posiciones
Transformaciones Rápidas	6 -8
Tristeza	7 -14 -16
Verbalizar demasiado	15 -23
Verdad, búsqueda de	4 - 10 -28 -29 -30
Visión, falta de	10 -16 -28

CAPÍTULO X

LAS ZONAS CÓSMICAS
Y LOS VÓRTICES DE ENERGÍA

Antes de iniciar un ritual chamánico debemos saludar siempre a los tres mundos, El Mundo Inferior, El Mundo Intermedio y El Mundo Superior. Los chamanes son los viajeros que tiene la capacidad de viajar entre ellos, atravesando las zonas cósmicas que los separan y son capaces de recuperar almas perdidas, de buscar poder y conocimiento y de encontrarse con seres espirituales. Este viaje al que me refiero es el vuelo del alma, que se consigue a través del trance.

Tal y como explicamos en el apartado de la vivencia con el Animal de Poder, la visualización para este ejercicio comienza penetrando en la tierra a través de un túnel hasta encontrar la entrada a otro mundo. Una vez en ese mundo, el chamán puede ir donde quiera retornando siempre al final de la vivencia. Los Kahunas, chamanes hawaianos trataban a la mente consciente como Uhane = Yo intermedio a la mente subconsciente como Hunihipili = Yo básico y a la Mente Superior como Aumakua = Yo Superior.

Max Fredon Long, en sus cartas a los estudiantes de la filosofía Huna, afirmaba que, cuando los tres están en armonía y trabajan juntos, pueden operar verdaderos milagros. Explicó a sus discípulos que el Yo Intermedio es quien reconoce su propia existencia; es la razón y la capacidad de raciocinio. El Yo básico está sujeto a la sugestión. Es el subconsciente y controla las funciones corporales. El Yo Superior es el supra consciente, el propio Ángel de la Guarda. Es donde se expresan todas las cualidades Divinas. Para los Incas el Mundo Intermedio estaba representado por el puma, que simboliza a la Tierra. Es fuerza y poder. Es el mundo en que vivimos. El Mundo Subterráneo estaba representado por la serpiente y es de donde surge la energía. El Mundo Superior estaba simbolizado por el Condor.

El médico libanés y escritor naturalista, Jorge Adum, el Mago de Jefa, indicaba que el hombre es la trinidad manifestada en un cuerpo. En su libro *Las llaves del cuerpo*, indica que fluyen tres energías por todos los centros magnéticos del cuerpo: electricidad, fuego serpenteante y energía vital.

Eliphas Levi afirmaba que hay tres mundos inteligibles que se corresponden entre sí: el Mundo Natural o físico, el Mundo Espiritual o metafísico y el Mundo Divino.

Otro principio chamánico para las zonas cósmicas es el representado en el Árbol de la Vida, donde en el tronco se encuentra el Mundo Intermedio y se relaciona con la realidad ordinaria. En las raíces está representado el Mundo Inferior, el lugar de nuestros ancestros y en las ramas, el Mundo Superior, lugar de la inspiración y la unión con la Divinidad.

Según Mircea Eliade, la técnica chamánica por excelencia consiste en pasar de una región cósmica a otra. De la Tierra al Cielo o a los Infiernos. Esta comunicación es posible porque las tres regiones están unidas entre sí por un eje central. Este eje discurre a través de una abertura por la que los muertos bajan a las regiones subterráneas y los Dioses descienden a la Tierra. Es también el lugar por donde el alma del chamán, en éxtasis, puede subir al Cielo o descender a los Infiernos. Este eje central representa el Espacio Sagrado.

En mis propios viajes chamánicos he podido componer la siguiente visión de las zonas cósmicas:

· **Mundo Inferior o subterráneo**. Aquí conectamos con los espíritus de las plantas, animales, minerales y de seres humanos. En este espacio residen los misterios de la Madre Tierra. Viajando a este mundo podemos aprender respecto al uso de plantas medicinales, cristales y talentos o características de los animales. Podemos también encontrarnos con nuestra sombra. Es la parte más oscura de nuestro ser. Se encuentran aquí también nuestros instintos y es el mundo de los símbolos y los arquetipos.

· **Mundo Intermedio**. Aquí es posible viajar en el pasado y el futuro. Obtenemos respuestas para diferentes cuestiones sobre la realidad ordinaria.

· **Mundo Superior**. Es donde conectamos con los Maestros. Es el lugar para la inspiración, la creatividad y la libertad.

Para el Chamán no hay preferencia de zonas, pues todas ellas tienen su importancia en el Universo. Eliade también describe la Montaña Cósmica, que hace posible la relación entre el Cielo y la Tierra. Podríamos considerarla el pilar del mundo. Esta idea de una Montaña Cósmica era familiar para los pueblos primitivos de Siberia, así como también para otras culturas antiguas, como en Egipto, la India, las tribus norteamericanas, China, Grecia, etc... Como ejemplo tenemos el Monte Olimpo entre los griegos, el Monte Meru para los hindúes, Machu Picchu para los peruanos, el Monte Fuji para los japoneses y el Monte Shasta para los norteamericanos. Su significado es similar al Árbol Cósmico.

En las diferentes creencias chamánicas hay referencias a aberturas para viajar al Mundo Espiritual. Generalmente, son entradas con forma circular, como ruedas, túneles, agujeros o cavernas. También las hay en nuestro interior. Los chamanes dejaron esto registrado en pinturas en las cuevas, en estatuas y grabados, mostrando estas aberturas o vórtices de energía en nosotros mismos, los conocidos en Oriente como Chackras.

Es interesante destacar que en diversas culturas existe una concordancia en cuanto a la localización de estos centros energéticos, aunque hay diferencias en cuanto a su número y funciones. La energía de la vida llega a nosotros a través de la inspiración, mientras que dejamos nuestro cuerpo con la espiración. La respiración no es solo fundamental para el cuerpo físico, sino también es el alimento de nuestra alma. Esta fuerza vital es también conocida como Maná, Prana, Chi, Ki, etc. Es extraída de la energía cósmica mediante la respiración y absorbida por el cuerpo, siendo los chackras los centros donde se refina y depura antes de ser llevada a todo el cuerpo físico y sutil.

Con cada aliento tomamos energía de unos canales llamados Nadis, en Oriente. Existen tres de estos canales principales de energía, uno en el centro de la columna y dos entrelazados alrededor de este. El canal del lado derecho o Pingala, transporta energía positiva mientras que el de la izquierda, llamado Ida, transporta energía negativa. Ambos forman un movimiento de zigzag de lado a lado del canal central o Sushumna, que lleva energía neutra.

El canal derecho transporta la energía del Sol, masculina, verbal y racional mientras que el izquierdo conduce la energía de la Luna, femenina y emocional. El entrelazamiento de ambas energías es el símbolo que en magia, es conocido como "Caduceo". Representado por dos serpientes, una blanca y otra negra, danzando alrededor de una vara. Posteriormente, este sería el símbolo adoptado por la medicina.

Los centros energéticos del ser humano se localizan a lo largo de la línea de la columna vertebral, que acumula una fina luz de energía, de la cual emana el aura. La energía llega a través de la respiración y es extraída de los canales y chackras para la revitalización del cuerpo físico mediante su transporte por la sangre, sistema nervioso y glándulas endocrinas.

Los centros de energía, al igual que los órganos, pueden dañarse, provocando falta de brillo e intensidad. También pueden ser amplificados y activados. Los traumas emocionales, miedos, ansiedad, estrés, luto, etc., son las causas principales que ocasionan un mal funcionamiento de los centros de energía.

Cada centro tiene una función particular, reflejando la calidad de nuestra vida. Su activación puede también realizarse mediante el pensamiento. Las personas más espiritualizadas tienen los chackras más activos y amplios que las de pensamiento materialista. La expansión de estos centros supone la propia expansión de la conciencia, dotando al individuo de discernimiento y reconocimiento de la existencia de otros reinos dentro de sí mismo. Son:

· **Centro de la Raíz**. Localizado en la planta de los pies, en el suelo de la cápsula áurica. A través de este centro recibimos la energía de la Madre Tierra. Nos conecta con el planeta, igual que las raíces de un árbol.

- **Centro de los Pies**. Situado entre los tobillos. Su función está relacionada con el movimiento y el equilibrio.

- **Centro Básico**. Ubicado en la base de la espina dorsal. Su función es energizar al cuerpo físico. Aquí reposa la Kundalini, que es la energía latente y concierne a nuestro bienestar físico, la seguridad y el instinto de supervivencia. En este chackra se almacena nuestra memoria ancestral. Cuando la seguridad física es amenazada, segrega adrenalina al torrente sanguíneo. Reacciona ante cualquier tipo de estrés, preparándonos para luchar o huir. Su nombre en sánscrito es Muladhara Chackra. Está directamente conectado con las glándulas suprarrenales. Las vigorosas danzas tribales, acompañadas de tambores, estimulan este centro.

- **Centro Sexual**. Situado bajo el ombligo. Gobierna a las gónadas, que rigen al sistema reproductivo e influyen sobre la vida sexual y la reproducción. Su nombre sánscrito es Svadhishthana Chackra. Está directamente relacionado con los órganos sexuales y puede estimularse con danzas vigorosas y sensuales.

- **Centro Solar**. Localizado sobre el ombligo y conocido como Hara, tiene su función en la absorción de la energía solar. Es el centro de distribución de energía hacia todo nuestro sistema. Controla el equilibrio de azúcar en la sangre y convierte la comida en nutrientes. Se relaciona con el sistema digestivo y el páncreas, quien segrega la insulina. Tiene la función de controlar el crecimiento y equilibrio. En sánscrito se denomina Manipura Chackra. Está relacionado con los órganos digestivos. Danzas y marchas que despiertan emociones, estimulan este centro.

- **Centro del Corazón**. En el centro del pecho, a la altura del corazón físico. Es el centro del Amor, del afecto y la devoción. Se relaciona con este órgano, la sangre y la circulación, así como con la glándula Timo. Es el centro donde se distribuyen las energías magnéticas de la vida. Su significado funcional es el Amor y la energía emocional. Su nombre sánscrito es Anahata Chackra. Este centro energético se activa con los sonidos naturales de las ballenas y delfines.

- **Centro de la Garganta**. Situado en la base del cuello. Está conectado con las cuerdas vocales, las glándulas tiroidea y paratiroidea, las cuales regulan el crecimiento y sintonizan el sistema nervioso. Su función se relaciona con la palabra hablada, tanto la exterior como la voz interna y otorga capacidades de canalización, telepatía y clarividencia. La energía del alma se expresa a través de este chackra. Su denominación sánscrita es Vishuddha Chackra. Una buena forma de activarla es producir sonidos con nuestra propia voz, los que lleguen a nuestra mente.

- **Centro de la Tercera Visión**. Situado en el entrecejo. Es el centro de mando psíquico. Su principal significado es el poder mental, la capacidad de ver más allá de las apariencias. Engloba al plano de conciencia en el que se alcanza el estado de samadhi, nirvana, revelación y visión profética. En sánscrito es llamado Ajna Chackra. Las músicas de meditación estimulan este centro.

· **Centro de la Coronilla**. Se encuentra en la zona superior de la cabeza, en la coronilla y concierne a la sabiduría, conocimiento e intuición. A través de este chackra es por donde se accede a los planos más elevados de conciencia, donde podemos encontrar a nuestro Ser Verdadero y experimentar lo Divino. En este centro recibimos la energía del Sol y al unirse con la energía de la Tierra recogida en el chackra raíz, polarizamos nuestro sistema entre el Sol y la Tierra. Es el Centro del Ser Superior. Su nombre sánscrito es Sahashara Chackra. Se estimula con el sonido de flautas, harpas... En definitiva, sonidos angelicales.

Cada uno de estos centros de energía se corresponde con un poder humano. Estos pueden despertarse mediante respiraciones, canciones de poder, meditaciones, colores, sonidos, plantas de poder y vivencias espirituales. También tienen una correspondencia con las diferentes glándulas del sistema endocrino. En los casos específicos de los centros de la Corona y el Tercer Ojo, algunas tradiciones se contradicen atribuyéndoles tanto la glándula pineal como la pituitaria y viceversa.

Según los indios Hopi, nativos norteamericanos, el ser humano y sus centros vibracionales son reflejos del cuerpo de la Tierra. El representante del centro más bajo es la serpiente, manifestación de la Madre Tierra, que dio luz a toda la vida. Este centro regula el poder de procreación y está ligado a *Kopavi, la puerta abierta*, el más alto centro vibracional. *Kopavi* es representado por el antílope. Serpiente y antílope juntos son la expresión de la polaridad de la vida. Cuando respiramos a *Kopavi*, la famosa fontanela se mueve suavemente de arriba hacia abajo. Este pulso de la fontanela es la expresión de nuestra comunicación con el Creador. (Shamans, Healers and Medicine - H. Kalweit).

LAS GLÁNDULAS

En su *Tratado Esotérico de Endocrinología*, el gnóstico Samael Aun Weor destaca a la glándula pituitaria como reguladora y controladora de la estructura celular. La pituitaria sería la glándula maestra del sistema endocrino, controlando al resto de glándulas. También tonifica los músculos involuntarios del organismo. Este autor cita también la afirmación del doctor Jorge Adoun, de que el átomo del Cristo Cósmico se encuentra en la pituitaria. Es del tamaño de un haba y se encuentra en el cerebro. La glándula pineal, también situado en el cerebro, tiene 5 mm de tamaño, según Weor y está íntimamente relacionada con los órganos sexuales. Según los yoguis, es la ventana de Brahma. La gnosis dice que el átomo del Espíritu Santo está en la glándula pineal. El desarrollo de esta glándula nos permite percibir al cuerpo astral y sus sentidos anímicos, según Saw.

La glándula tiroides consta de dos lóbulos, situados al lado de las *Manzanas de Adán*. Por aquí adquirimos la capacidad de canalización. Está relacionada con todo el metabolismo del cuerpo físico. Sobre la tiroides están las glándulas paratiroideas, que controlan el calcio de las células y de la sangre.

El timo se encuentra en la base del cuello y es la reguladora del sistema inmunológico. Según la astrología, esta glándula está influenciada por la Luna.

El páncreas es el productor de la insulina. El hígado es la fábrica de la glucosa, mientras que las glándulas suprarrenales son las que producen la adrenalina.

FÓRMULAS DE ESTÍMULACIÓN						
CENTRO	Sonido	Nota	Color	Piedra	Aroma	Instrumento
Básico	A	Do	Rojo	Granada	Salvia	Percusión
Sexual	U	Re	Naranja	Cornalina	Ylang ylang	Viento
Solar	O	Mi	Amarillo	Citrino	Manzanilla	Órgano
Corazón	A	Fa	Verde	Malaquita	Rosa	Harpas
Garganta	AI	Sol	Azul	Crisocola	Pino	Metales
Tercer Ojo	EI	La	Añil	Lapislázuli	Sándalo	Piano
Coronilla	I	Si	Violeta	Amatista	Jazmín	Cuerdas

ARMONIZANDO SUS CENTROS ENERGÉTICOS

A continuación, vamos a ver una técnica para trabajar con sus centros de poder.

Realice una ceremonia de limpieza con hierbas. Coloque un sonido de tambor. Siéntese de forma confortable, manteniendo la columna recta. Realice movimientos giratorios con las articulaciones para ganar relajación. Respire profundamente. Inspire la energía universal y espire soltando el estrés. Con los ojos cerrados, visualice su espacio sagrado y haga conexión con su animal guardián. Una vez establecido contacto con este, pídale que le conduzca en un viaje desde su centro básico hasta el centro coronario. Observe todas las señales, símbolos y marcas que pueda encontrar en el camino. Su animal retirará de sus centros de energía todo lo que ha de ser eliminado y lo rellenará con la luz del color correspondiente a cada centro. Procure anotar principalmente los símbolos encontrados en cada centro para estudios posteriores. Al retornar, permanezca en su espacio sagrado durante algunos momentos sintiendo la vibración del trabajo realizado.

215

CAPÍTULO XI

LOS SÍMBOLOS, IMÁGENES Y AMULETOS

LOS SÍMBOLOS

La palabra "símbolo" viene del griego "symbolon", que significa *reunir, juntar*. Los símbolos nos dan explicaciones esenciales sobre nuestro ser y sobre el mundo. Son escrituras secretas que solo algunos pocos iniciados conocen. Es muy curioso ver que ciertos símbolos sean similares entre todos los pueblos. Ellos nos llevan a reflexionar sobre el pensamiento humano. Los símbolos no son únicamente imágenes o formas que representan algo, sino que cargan en sí un significado más profundo, que refleja la cultura, la historia y el pensamiento humano que hay tras ellos. Al observar y reflexionar sobre los símbolos, podemos comprender mejor las creencias, valores e ideas de una sociedad o de un grupo específico de personas que los utilizan. Además de eso, muchas veces, las personas que usan esos símbolos son conscientes de la importancia que estos tienen en sus vidas y en sus prácticas religiosas o espirituales, lo que refuerza más si cabe, su valor simbólico y significativo.

Los símbolos están presentes en todos los procesos de magia en forma de amuletos, talismanes, fetiches, instrumentos de poder, imágenes, estatuas, pentáculos, grabados, mandalas, mosaicos, cruces etc. Los símbolos son oriundos del espíritu humano, por lo que son eternos.

Establecen un vínculo entre el hombre y las Divinidades. Son usados con fines curativos, de expansión de conciencia, equilibrio psicológico y meditación, entre otros. Son representaciones de las formas creadoras del astral, producto de la psique arquetípica. Los símbolos no solo proporcionan la visualización, sino también la re-experiencia de lo que cada uno simboliza.

Cuando nos comunicamos con los demás, estamos utilizando símbolos, aunque no seamos conscientes de ello. Utilizamos las manos, señalamos, usamos colores, etc. Las empresas tienen símbolos o logotipos, que confieren identidad y significado de sus productos. La palabra símbolo deriva del término griego *symballein = juntar*.

En los procesos místicos se utilizan los símbolos como forma básica del lenguaje. Es mediante estos que se confeccionan amuletos y talismanes. Hoy en día hay técnicas terapéuticas que consisten en dibujar símbolos en la arena. Los símbolos están presentes en nuestros sueños. Según Edgar Cayce, nuestros sueños son más reales que nuestras experiencias en estado de vigilia. Esto nos muestra una realidad más profunda de nosotros mismos, suponiendo un encuentro más verdadero de las fuerzas de nuestra mente con las de nuestra alma.

Las vivencias simbólicas son poderosas, hasta el punto de desencadenar cambios literales en nosotros mismos. En chamanismo hay una gran riqueza de símbolos, pero es importante al menos conocer algunos que son utilizados universalmente. Necesitamos primero comprender el concepto de que nuestro mundo refleja a la totalidad del Universo, es decir, *como es arriba es abajo*. Tal y como afirma el gurú Omraam M. Aivanhov:

...Es importante desbrozar sobre los símbolos, porque estos son el lenguaje de la propia naturaleza. Sin embargo, para la mayoría de las personas este lenguaje es todavía indescifrable.
Cuando los iniciados del pasado dibujaban una línea vertical u horizontal, un círculo o un punto y los combinaban (en una cruz, triángulo, cuadrado, pentagrama, hexagrama, etc.), o diseñaban una serpiente mordiendo su propia cola (Ouro boros), incluían en cada una de estas figuras toda una ciencia eterna. El lenguaje simbólico, que es la lengua universal, representa la quintaesencia de la sabiduría.

Cuando el chamán confecciona el círculo de la Rueda de la Medicina, monta una representación simbólica del Universo, de la mente universal en la que todo está conectado en sincronización armónica con todos los seres. Cada parte del Universo físico y cada cosa viva en la Tierra era percibido como si tuviera origen fuera de la materia, en el plano mental y espiritual. Cada manifestación es un estado continuo de cambio. Para los chamanes, el término *medicina* significa el poder o energía vital que está contenido en todas las formas de la naturaleza. Entonces, los símbolos representan una espiral de generación de poder bajo el control de la mente, que es multifuncional. El símbolo es el mapa de la mente y, a través de su uso, podemos encontrar nuestro propio camino de autoconocimiento para mejorar nuestra vida.

Los símbolos también pueden representar a seres o entidades presentes en diferentes culturas y tradiciones, como Dioses, espíritus y ángeles, entre otros. Esos símbolos son usados en prácticas espirituales, rituales y ceremonias para invocar la presencia de ellos y acceder a sus energías y poderes. La geometría es la base de los símbolos en el universo de la magia. En el chamanismo, los objetos de poder son expresados mediante símbolos, como en los *pontos riscados* (grabados) en la tierra. Cada símbolo dibujado (diseños) o grabado (figuras geométricas) representa una idea, un sentimiento, una emoción, un fenómeno de la naturaleza o una manifestación espiritual. El símbolo contiene la fuerza viva de la idea o la intención que le dio origen. Las representaciones geométricas corresponden a ideas, pensamientos y sentimientos. El significado simbólico y sagrado atribuido a determinadas formas y proporciones geométricas, revela la manera mediante la que la energía del Universo está organizada. Veamos el significado simbólico presente en algunas formas geométricas:

- **Círculo:** Representa a la totalidad del Universo. Puede representar a su propio Espacio Sagrado. En el simbolismo antiguo es el espacio infinito, sin comienzo ni fin. Simboliza a la Perfección Divina. También al mundo psíquico.

- **Cruz:** Es la unión de los opuestos (vertical = masculino; horizontal = femenino). La cruz también apunta a las cuatro direcciones o puntos cardinales, siendo un símbolo antiguo de manifestación del tiempo en el espacio.

- **Círculo con cruz:** Representa la perpetuación del espíritu dentro del infinito, las cuatro cualidades elementales y el momento de la Creación, con la unión de lo femenino y lo masculino.

- **Círculo con un punto en el centro:** Representa al Creador, al Sol, al ojo abierto de Dios, la primera manifestación Divina.

- **Triángulo:** Es el símbolo de la Santísima Trinidad. También es un indicador de la dirección y los elementos para la alquimia (el fuego con la punta hacia arriba, el agua con el vértice hacia abajo, el aire con la punta hacia arriba, dividido por una línea horizontal y la tierra con el vértice hacia abajo, dividido por una línea horizontal). Representa al equilibrio perfecto de los tres aspectos de la Divinidad, Padre-Hijo-Espíritu Santo, Brahma-Vishnu-Shiva, Yin-Yang-Tao, Yo Superior-Yo Intermedio-Yo Inferior, Sol-Luna-Estrellas, etc.

- **Cuadrado:** Simboliza la materia, los cuatro elementos.

- **Estrella de 5 puntas:** Es el pentagrama. Representa los 5 sentidos, al hombre perfecto con sus cuatro miembros y la cabeza. Representa también las cinco virtudes del hombre: amor, bondad, justicia, sabiduría y verdad. Se corresponde con el quinto elemento o éter, la quinta esencia. Se asocia con el nacimiento de Cristo (Estrella Guía).

- **Estrella de 6 puntas:** Es la estrella del Rey Salomón, más conocida como estrella de David. Su diseño es la unión de dos triángulos equiláteros. Representa el movimiento de la vida, en el sentido de que todo en el Universo está en constante movimiento y cambio. Nada es estático o inmutable y todas las cosas están conectadas y son interdependientes. La estrella de 6 puntas representa esa circulación de la vida, pues sus triángulos apuntan en direcciones opuestas, simbolizando la dinámica de la vida y el intercambio constante de energía e información entre el Cielo y la Tierra. Es la conexión entre el macrocosmos y el microcosmos.

Algunos creen que la estrella de 6 puntas puede ayudar a equilibrar las energías masculinas y femeninas dentro de cada persona, uniendo la mente y el cuerpo y dando armonía al ser. Otros la consideran como un símbolo sagrado que representa a la Divinidad, o la Unión entre Dios y la humanidad. En general, la estrella de 6 puntas se percibe como un poderoso y significativo símbolo en muchas tradiciones y culturas.

LAS IMÁGENES

Una imagen es una representación de un Ser que es objeto de culto, de veneración. El acto de la consagración es lo que confiere a las imágenes su poder mágico. Cuando tenemos una imagen, sea de madera, barro o metal, debemos consagrarla.

En los rituales de Umbanda y Candomblé se acostumbra a *cruzar*[31] tanto las imágenes como las guías de cuentas que simbolizan a los Orishas. Los católicos suelen llevar sus imágenes para ser bendecidas por el sacerdote. Yo, particularmente, las consagro mediante la meditación. Esto se hace estableciendo una relación de conexión entre las imágenes y el Principio Sagrado del Universo. La fuerza de una imagen está en el recuerdo, en el pensamiento al que esta accede en nuestro subconsciente. Así nos conecta con una red de poder, transportándonos hacia las Esferas Sagradas. A esto se llama *firmar el punto*. Quienes critican el uso de imágenes, afirmando que estas no pasan de ser meros objetos de barro sin ningún poder,

---

31 N del T. En Candomblé, cruzar un objeto significa volverlo Sagrado. El guía, cuando realiza este acto, estará uniendo su fuerza con la del objeto, transmitiendo a este su propia magia y energía.

son incapaces de ver más allá de la materia, de lo que está frente a sus narices. Con todo ello, debemos ser indulgentes y comprender la ineptitud de aquellos que no consiguen ver más allá de la forma física.

LOS TALISMANES

En el mundo entero se utilizan objetos a los cuales se atribuye poderes mágicos, con el propósito de obtener protección, salud o beneficios materiales. Podemos incluir aquí también los hechizos y amarres mágicos. Los amuletos pueden ser *figas*[32], *patuás*[33],*crucifijos, anillos, etc.* También son muy utilizados los anillos, que otorgan protección a los magos. Hoy día, los anillos tienen el significado de unión (novios y matrimonios).

Los amuletos actúan como conexión entre el macrocosmos y el microcosmos. Cuando su confección ha sido hecha observando los principios mágicos (luna, material, símbolo, intención...), se ponen en contacto con la realidad psíquica, a la que pueden reflejar, influyendo sobre el mundo material. Esto significa que la magia ha quedado plasmada en el objeto.

Los pendientes son usados también por diversos pueblos, como modo de conexión espiritual. Una curiosidad que gira en torno de los gitanos y piratas es que utilizan los pendientes para aumentar la agudeza visual. En el caso de los piratas, les servía para ver barcos a distancia.

---

32   N del T. Amuleto de origen egipcio utilizado para atraer buena suerte.

33   N del T. Amuleto de origen brasileño que contiene la fuerza del Axé, del Orisha o Santo para el que fue potenciado. Generalmente son bolsitas en el que se introducen pequeños amuletos de reducido tamaño, con el fin de atraer o alejar determinadas influencias.

La propia auriculoacupuntura utiliza un punto en la oreja que está relacionado con la visión.

Los collares, brazaletes y tobilleras pueden también contener el poder de los amuletos. En los cultos africanos suele utilizarse una cuerda trenzada con fibra de rafia (palha da costa), que es habitualmente amarrada en el brazo o en el abdomen para proteger a la persona contra los espíritus desencarnados (Egun). En sus danzas rituales es común el uso de tobilleras con cascabeles y crótalos.

En chamanismo se pueden encontrar amuletos en forma de máscaras, figuras, animales, bolsas medicinales, piedras, plantas, huesos, plumas y otros objetos.

Los nativos norteamericanos llevaban siempre una bolsa de talismanes, compuesta por objetos que representan tótems o guías espirituales de la naturaleza. En su interior se podría encontrar dientes de animales, semillas, Tabaco, piedras, cabello, pieles, etc. La bolsa de talismanes podría tener un fin específico. Podía destinarse a la cura y sanación, a la abundancia, la suerte, la protección contra malos espíritus, ayuda en los sueños o en la guerra, etc. Generalmente, estas bolsas se anudaban al cuello y eran invocadas en los momentos precisos para la obtención de protección, fuerza y coraje. No obstante, existen de diferentes tamaños, pudiendo colocarse en la cintura o en cualquier espacio sobre el que se quiera que actúe. Los objetos que componen la bolsa han de representar la magia individual de cada persona. Usted mismo puede confeccionar su propia bolsa.

CONFECCIÓN DE UNA BOLSA MEDICINAL

1- Separe algunos objetos que sienta que pueden canalizar poder, tales como piedras, medallas, hierbas, etc.

Lo ideal es que los encuentre en la propia naturaleza. Mientras camina con conciencia, pida al Universo que le provea de objetos de poder para colocar en su bolsa. Puede unir estos objetos con algún otro del que usted ya disponga. Recuerde que los objetos se relacionan con su intención. También puede pedir que esos objetos se le muestren en sueños.

2- Confeccione una bolsa que posibilite su apertura y cierre con facilidad.

3- Vaya a su espacio sagrado y limpie energéticamente todos los objetos mediante la ceremonia de purificación que fue explicada anteriormente.

4- Invoque a los poderes de las cuatro direcciones y a sus espíritus guardianes y consagre la bolsita a su intención.

Son variados los amuletos naturales utilizados en chamanismo. La sal gruesa se utiliza para protección ante energías negativas. El romero, bajo el cabecero de la cama, se utiliza para atraer buenos sueños. También se utilizan como amuleto la ruda, el Tabaco, las piedras, etc.

CAPÍTULO XII

LOS ÁNGELES Y EL CHAMANISMO

En la tradición judeocristiana, los ángeles son seres puramente espirituales que sirven a Dios y actúan como mensajeros entre Él y los hombres. En todo el mundo hay relatos de personas que han sido tocadas de alguna manera por la energía Angélica. San Agustín afirmaba que: *Cada cosa visible en este mundo se encuentra bajo la responsabilidad de un Ángel.* También los pueblos nativos tienen narraciones de apariciones de Ángeles, los cuales son vistos por ellos como deidades animales aladas. Relato a continuación una experiencia personal que considero resultó ser un contacto con una energía angélica.

Cierta noche estaba durmiendo cuando en mis sueños apareció un ser esbelto iluminado por rayos de luces de color que parecían estar siendo cortados por una tijera. Como el Ser se aproximaba cada vez más en mi dirección, acabé asustándome, de tal forma que me desperté. Pero mi susto fue todavía mayor cuando, al abrir los ojos, vi que aquella figura se encontraba todavía frente a mí, deshaciéndose poco a poco en puntos diminutos.

La primera cosa que llegó a mi mente fue que se trataba de un contacto angélico, aunque no había percibido ningún tipo de alas. Precisamente unos días antes había

canalizado una canción de poder que evocaba la fuerza
de los Ángeles:

<table>
<tr><td>A FORÇA DOS ANJOS</td><td>LA FUERZA DE LOS ÁNGELES</td></tr>
</table>

A FORÇA DOS ANJOS

Eu recebi, que e para invocar
Proteçao dos Arcanjos do Ceu
Chamo os Anjos la do Ceu
Mensageiros de Meu Deus

Peço Paz prá nao ter que lutar
E coragem se a luta chegar
Defendei-me Sao Miguel
Me ensine "Quem e Deus"

Esperança e revelaçoes
Amor forte no meu coraçao
Dai-me Amor Sao Gabriel
Força e Amor "Homem de Deus"

Por saude eu venho implorar
E a todos os Seres de Deus,
Vem curar Sao Rafael
E Eu Sou "Curado por Deus"

Luz de Deus venha me abençoar
Traga Luz e minha inspiraçao
Transformai Sao Uriel
Venha a mim "Fogo de Deus"

Todos Anjos e Arcanjos do Ceu
Eu vos mando meu canto de Amor
E ao meu Anjo Protetor
Companheiro e Guardiao.

LA FUERZA DE LOS ÁNGELES

Yo recibí, para invocar
protección de los Arcángeles del Cielo.
Llamo a los Ángeles del Cielo,
mensajeros de mi Dios

Pido paz para no tener que luchar
y coraje si la lucha llega.
Defiéndeme San Miguel,
enséñame "Quién es Dios".

Esperanza y revelaciones,
amor fuerte en mi corazón.
Dame Amor San Gabriel,
fuerza y Amor "Hombre de Dios".

Por salud vengo a implorar,
y a todos los seres de Dios,
ven a curar San Rafael,
y yo soy curado por Dios.

Luz de Dios venga bendecirme,
trae luz y mi inspiración,
transforma San Uriel,
venga mi "Fuego de Dios".

Todos Ángeles y Arcángeles del Cielo,
yo os envío mi canto de amor,
y a mi Ángel protector,
compañero y guardián.

Desde la canalización de este himno, lo he utilizado mucho en mis rituales y recomiendo a mis alumnos que lo usen para invocar a la energía angélica. Aunque no conozca la melodía, puede utilizarlo como forma de meditación. Notará una diferencia en su campo de energía psicológica, emoción junto a la palabra.

Algunos días después de esta canalización, mientras meditaba en mi "cuarto místico", escuché una voz prolongada que venía de lo alto con una nitidez impresionante, resonando en mi cerebro como si estuviera dentro de él. La voz cantaba:

Anael, Anael,
Guardião, meu mensageiro
La do Ceu

Anael, a cançao
Que cantaste encheu de Amor
Meu coraçao

Anael, protetor
Peço a Vos, Luz, Paz, Saude
E muito Amor

Anael, Anael
Me ajude a cumprir
O meu papel

Anael, Anael,
guardián, mi mensajero,
de allí del cielo.

Anael, la canción
que cantaste llenó de Amor,
mi corazón.

Anael, protector,
te pido Luz, Paz, Salud
y mucho amor.

Anael, Anael,
ayúdame a cumplir
mi papel.

Resultó obvio para mí que tenía que hacer a partir de aquel momento un estudio más profundo de los Ángeles. Y es lo que estoy procurando poner en práctica poco a poco. Por lo tanto, en este capítulo relato la investigación que estoy realizando, sin la mínima intención de agotar el asunto y sí de compartir, dado que existe un vasto material de consulta.

ESTABLECIENDO CONTACTO
CON EL REINO ANGÉLICO

Diríjase a un lugar tranquilo.

Queme salvia, incienso o alguna otra hierba para purificar el ambiente. Encienda una vela o, en caso de encontrarse en la naturaleza, una pequeña hoguera.

Elimine cualquier tipo de ruido o música y permanezca en silencio.

Marque su espacio Sagrado, visualizando un círculo de protección a su alrededor.

Deje clara su intención. Permanezca concentrado y cierre los ojos.

Tome tres respiraciones lentas, profundizando en la relajación con cada una de ellas.

Concéntrese con los ojos cerrados y dirigidos hacia arriba, en dirección al entrecejo (tercera visión).

Imagine que de los dedos de sus pies salen raíces, que van penetrando en la tierra.

De la misma manera, imagine que de su coxis sale una raíz que penetra a su vez en la tierra.

Con cada inspiración absorbe la energía del planeta y con cada espiración suelta el estrés y las tensiones.

Imagine que con cada inspiración va absorbiendo energía a través del coxis, en forma de un elixir blanco que va subiendo por su columna y energizando todos sus chackras.

Después de sentirse totalmente energizado por la Tierra, mantenga esa energía en su corazón.

Intente percibir que su corazón late al ritmo del toque de tambor.

Visualice que de la coronilla de su cabeza salen pequeños haces de luz que lo conectan con el Cielo.

Imagine rayos azul celeste penetrando por su coronilla y distribuyéndose por todo el cuerpo.

Después de sentirse energizado por la energía celeste, llévela a su corazón donde se junta con la energía de la Tierra.

Intente percibir sonidos de campana junto con los del tambor.

¡Concéntrese!

Deje su mente tranquila y expectante ante la posible llegada de símbolos, señales, colores, etc.

Coloque su intención de contactar con la energía Angélica. No se agobie. Preste atención a las posibles respuestas que vienen de su interior.

TRABAJANDO CON LOS ARCÁNGELES

Cada Arcángel rige un día de la semana y una virtud. A continuación, transcribo la forma en que yo hago las invocaciones para cada Arcángel:

Primeramente, escojo una vela que simbolizará al Arcángel y hago una unción con aceite. Enciendo la vela al lado de un vaso de agua y una barrita de incienso, preparando el equilibrio del ambiente para el momento espiritual.

Inmediatamente después de encender la vela, leo el Salmo 91 de David e inicio el trabajo:

- **Domingo**: vela naranja simbolizando al Sol y al Arcángel Miguel. Es el guardián de la Paz y de la Armonía. Nos da sabiduría y nos defiende del mal.

- **Lunes**: vela blanca simbolizando a la Luna y al Arcángel Gabriel. Es el Arcángel de la Esperanza y la Revelación. Se le invoca para la vida emocional y las relaciones, para el psiquismo y la intuición.

- **Martes:** vela roja que simboliza a Marte y al Arcángel Samael. Es el Arcángel de la Justicia. Se le invoca para obtener coraje y vitalidad.

- **Miércoles**: vela verde simbolizando al Arcángel Rafael. Es el Arcángel del cuerpo físico y de la salud. Se le invoca para la sanación.

- **Jueves**: vela azul, que simboliza a Júpiter y al Arcángel Zadkiel. Es el Arcángel de la Misericordia Divina y se le llama para pedir perdón y perdonar.

- **Viernes**: vela rosa, símbolo de Venus y del Arcángel Anael. Es el Arcángel del amor incondicional.

- **Sábado**: vela violeta simbolizando a Saturno y a los Arcángeles Uriel y Metatrón. Uriel es el Arcángel de la transformación, el guardián de la mente, también invocado para asuntos de trabajo. Metatrón es el Ángel de la Nueva Era, el Ángel Libertador.

CAPÍTULO XIII

EL ÁGUILA

Símbolo universal de poder, perspicacia y protección espiritual, el Águila ha sido objeto de culto y reverencia para muchos pueblos durante milenios. Figurando en blasones de ejércitos y estandartes reales, es incuestionable la fuerza de su simbolismo en el inconsciente colectivo de la humanidad. Por ser un ave de gran porte y agudeza visual, simboliza grandeza, clarividencia y otras virtudes. Su medicina es muy poderosa, pues vuela alto por encima de las nubes de la ignorancia humana, ayudándonos a conquistar los límites de este mundo y alcanzar otros reinos. Algunos pueblos nativos encontraban coraje, resistencia y fuerza para enfrentar los desafíos difíciles, en el Águila.

Curanderos y chamanes utilizan sus plumas como instrumento de poder curativo.

La medicina del Águila ayuda a desarrollar los poderes chamánicos y a viajar en mundos alternativos. Invocando al Águila conseguimos la capacidad de volar velozmente a grandes alturas espirituales hacia el Reino donde todas las cosas son posibles. Por ser parte integrante de los cielos, se asocia con el Padre Creador y con el Sagrado Poder Solar de la trascendencia.

A través de los ojos del Águila podemos ver con una visión de la Luz Solar clareando la verdad en la oscuridad del mundo de ilusión. Esta visión clara nos permite ver a distancia, para observar nuestra propia vida libres de prejuicios y preocupaciones. Nos permite volar lejos de los límites de los detalles, enfocándonos en las cosas más importantes y desarrollando nuestro espíritu.

El Águila nos muestra cómo ampliar la percepción sobre nosotros mismos más allá de los horizontes visibles. Nos enseña a vencer nuestro miedo personal hacia lo desconocido.

Los nativos norteamericanos asocian el Águila con el poder de Wabún, el Espíritu Guardián de la Dirección Este. Wabún tiene poder sobre los nuevos comienzos. Marca el renacimiento y ayuda a que tengamos una visión más clara, con una perspectiva más amplia. El Águila es el ave mensajera del Gran Espíritu, que eleva nuestros mensajes al Creador.

En el cristianismo el Águila es también la mensajera celestial, que simboliza la elevación de las oraciones a Dios y el descenso de la Gracia Divina sobre los mortales.

En la alquimia es el símbolo de la volatilización. En la masonería simboliza la audacia.

Para los hindús fue el Águila quien trajo la bebida sacramental llamada Soma.

En el antiguo Egipto el Águila era un emblema real que se colocaba en el pecho de los faraones, asegurándoles el poder. Era conocida como AH[34] y consagrada a Horus.

En la Grecia antigua y Persia estaba consagrada al Sol. Para los griegos era el emblema sagrado de Zeus, supremo Dios del Olimpo.

---

34 N del A. AH pode ser una referencia al dios egipcio Horus, cuyo nombre en jeroglíficos comienza con la letra A y la letra H

También es considerada como el León alado. Ambos están asociados al Sol y al Fuego.

<table>
<tr><td>

NOVO HORIZONTE

</td><td>

NUEVO HORIZONTE

</td></tr>
</table>

(Canto canalizado)

<table>
<tr><td>

Sol, Lua, Estrela
Ceu, Terra e Mar
Novo Horizonte
Quero alcançar

</td><td>

Sol, Luna, Estrella
Cielo, Tierra y Mar.
Nuevo Horizonte
quiero alcanzar.

</td></tr>
<tr><td>

Oh Pai Divino!
Oh Criador!
Sou teu guerreiro
Luto com Amor

</td><td>

¡Oh Padre Divino!
¡Oh Creador!
Soy tu guerrero,
lucho con Amor.

</td></tr>
<tr><td>

Rei da a Força
Que me conduz
E da Rainha
Recebo Luz

</td><td>

Rey da la Fuerza
que me conduce,
y de la Reina
recibo Luz.

</td></tr>
<tr><td>

Eu vou seguindo
Meu caminhar,
Águia Dourada
Vem me guiar

</td><td>

Yo voy siguiendo
mi caminar,
Águila Dorada
me viene a guiar.

</td></tr>
<tr><td>

Voa Águia
No Céu sem fim
Asas Divinas
Eu sinto en mim

</td><td>

Vuela Águila
en el Cielo sin fin.
Alas Divinas
yo siento en mi.

</td></tr>
</table>

EPÍLOGO

El chamanismo universal puede ser dividido en dos escuelas: el chamanismo tradicional, que sigue las tradiciones nativas y el neo-chamanismo, que mezcla la esencia de aquel con prácticas integradoras de diferentes líneas, desarrollado generalmente en una realidad urbana. El movimiento *Chamanismo Universal,* surgió en el cambio al tercer milenio, como una nueva corriente de pensamiento que busca rescatar los conocimientos indígenas tradicionales, fundamentalmente el relativo al uso de las plantas sagradas, como vehículo para la cura física y espiritual. Todo es sagrado y el entendimiento de ello nos permite sentirnos unificados en una corriente universal de paz y salud de cuerpo y mente. El chamanismo universal promueve el concepto de *alimento medicina.* Para nosotros, el alimento es medicina. Sería incoherente que un curador haga rezos y recete hierbas medicinales sin orientar a sus pacientes respecto a una alimentación saludable que contribuya al aumento de su inmunidad ante enfermedades y purifique el cuerpo de la intoxicación propia de los tiempos modernos.

Respetamos a todos los sistemas de creencia que practican el bien, el amor, la verdad y la justicia. Creemos en la existencia de un Poder Superior que permea todos los acontecimientos que suceden en la Madre Tierra. Dios creó el mundo en 7 días, pero su obra de creación se perpetúa por medio del hombre. Día tras día estamos creando un mundo nuevo a través de la cadena de pensamientos, palabras y obras. Lo que hacemos a la Tierra nos lo hacemos a nosotros mismos y a nuestros hijos. Respetar la Tierra es respetar a su Creador. Que esta corriente de conciencia se expanda cada vez más e influya a los líderes y gobernantes de este planeta. Nuestra orientación filosófica es la búsqueda de la conciencia crítica y la eliminación de karma a través de los actos de perdón al prójimo. Cuando no perdonamos al otro, aprisionamos parte de su alma en nuestro interior, ocupamos nuestro subconsciente con sentimientos indeseables, que nos impiden estar en resonancia armónica, creando así nuevos karmas. Con la práctica del perdón conseguimos también perdonarnos a nosotros mismos, librarnos de culpas y preparar nuestra mente para ser invulnerable a las provocaciones ajenas. La magia está dentro de nosotros. La búsqueda interior nos ayuda a comprender los procesos que retrasan nuestro caminar y a efectuar las transformaciones necesarias para continuar en el camino de la belleza. Es importante la práctica y vivir en ritual, que es tener conciencia de todo lo que emprendemos. Es necesario tener la certeza de que nuestros pasos se dan en dirección al amor, la paz y la luz tanto para nosotros como para la humanidad y toda la creación.

Parte de las conquistas promovidas por el chamanismo universal ha sido la realización del encuentro brasileño de chamanismo, que contó con el apoyo de varios hermanos del camino. Este encuentro sucedió en San Pablo, en marzo de 2005 y contribuyó a la revitalización de las prácticas chamánicas ignoradas durante siglos, además de revelar el interés creciente por ellas en nuestra sociedad. El principal legado que quedó de aquel encuentro fue la posibilidad de unir una diversidad de líneas en un único movimiento en pro de un mundo mejor. En otros encuentros realizados posteriormente se han reunido diferentes líneas y tradiciones, como científicos, artistas y representantes del neo-chamanismo y otras corrientes espirituales en general.

O SAGRADO   LO SAGRADO

(Canalizado por el autor)

Pra iluminar nosso caminho	Para iluminar nuestro camino
É preciso ir buscar	es preciso ir a buscar
A Deus do céu, que É soberano,	a Dios del Cielo, que es Soberano,
Eterna Fonte Criadora,	Eterna Fuente Creadora,
A pura luz do Amor Divino	La pura luz del Amor Divino
Que está dentro de nós.	que está dentro de nosotros.
Saber que existe uma família	Saber que existe una familia
N mundo celestial,	en el mundo celestial,
Que a Terra é a nossa mãe	que la Tierra es nuestra madre
Que nos nutre e nos sustenta,	que nos nutre y nos sustenta,
Que nos recebe a cada vida	que nos recibe a cada vida
E acolhe a carne em cada morte.	y acoge la vida en cada muerte.
Fazemos parte da família	Somos parte de la familia,
Da verdade universal:	de la verdad universal:
Tem o Avó Sol e Avó Lua,	tenemos el abuelo Sol y la abuela Luna,
O oceano e florestas,	el océano y las selvas,
Montanhas, rios e cachoeiras,	montañas, ríos y cascadas,
A todos devemos honrar.	a todas debemos honrar.
Toda forma de beleza	Toda forma de belleza
É preciso respeitar.	es preciso respetar.
Em todas as formas de vida,	En todas las formas de vida,
Em cada uma há uma missão,	en cada una hay una misión,
E todas juntas formam o Todo,	y todas juntas forman el Todo,
Todas as nossas relações	todas nuestras relaciones
O importante na missão	lo importante en la misión.

É saber quem você é,
Por que você está aqui,
Aonde você tem que ir,
Agora mesmo onde está,
E o que precisa pra chegar.

Eis o caminho sagrado
Que quero lhe apresentar.
Saiba que tudo é sagrado
Onde há vida está Deus,
Desde um inseto ou rastejante
Até os queridos seus.

O vento, a água, a terra e o fogo
Eu venho agora invocar.
O vento traz sabedoria,
Na água fluem as emoções,
A terra dá a intuição,
O fogo, luz espiritual.

Força do raio e trovão
No firmamento a anunciar
Que o poder está em nós.
Poder pra tudo transformar.
Pra conhecer este poder
É preciso se ligar.

Se ligar com seu espírito,
Sua essência Divinal.
Saber que existe um coletivo,
Uma mente universal,
Purificando o pensamento,
Não pensando nenhum mal.

Eu tenho a força, eu sinto a força
Dentro deste ritual.
E a esta força eu agradeço
E a este mundo do astral.
E a vós eu mando meu amor,
Que é minha força principal.
Dou viva a Deus-Pai-Mãe e Filho,

Es saber quién eres tu,
por que estás aqui,
donde tienes que ir,
donde estás ahora mismo,
y lo que necesitas para llegar.

Es el camino sagrado
que te quiero presentar
Sepa que todo es sagrado
donde hay vida está Dios,
desde un insecto o reptante
hasta los queridos suyos.

El viento, el agua, la tierra y el fuego
yo voy ahora a invocar.
El viento trae sabiduría,
en el agua fluyen las emociones,
la tierra da la intuición,
el fuego, luz espiritual.

Fuerza del rayo y del trueno
anuncian en el firmamento
que el poder está en nosotros.
Poder para transformarlo todo,
para conocer este poder
es necesario conectarse.

Conectar con su espíritu,
su esencia Divina.
Saber que existe un colectivo,
una mente universal,
purificando el pensamiento
no pensando ningún mal.

Yo tengo la fuerza, siento la fuerza
dentro de este ritual.
Y a esta fuerza agradezco,
a este mundo del Astral.
Y a vosotros mando mi amor,
que es mi fuerza principal.
Doy viva a Dios Padre, Madre e Hijo,

<table>
<tr><td>

Viva, irmão, minha irmã.
Dou viva a todos os três reinos:
O animal e o mineral,
O vegetal e a mim mesmo,
Seres do reino elemental.

</td><td>

viva, hermano, mi hermana.
Doy viva a todos los tres reinos:
el animal y el mineral,
el vegetal y a mí mismo,
seres del reino elemental.

</td></tr>
</table>

CENTRO DE ESTUDOS CHAMÁNICOS

En el Centro de Estudios de Chamanismo Vuelo del Águila, la rueda medicinal de la vida del alumno se realiza de acuerdo con las energías de cada estación del año, como la simiente que cae en la tierra en otoño y da frutos en el medio del verano.

JORNADAS CHAMÁNICAS

Celebran el calendario sagrado (ritos estacionales) de acuerdo con las ocho estaciones del año (primavera, fertilización, verano, primera cosecha, otoño, última cosecha, invierno y germinación). En las jornadas, el participante se ve como parte de algo mayor, de una "Tierra viva" que respira. El objetivo de las jornadas chamánicas es vivenciar las diferentes energías de la rueda medicinal en una única noche.

FESTIVALES CHAMÁNICOS

Los festivales ancestrales celebraban las transformaciones ocurridas en la naturaleza. En días determinados, los festivales solares conmemoran la relación de la Tierra con el Sol y con sus aspectos instintivos, místicos y filosóficos. Los festivales de fuego acontecen en días fijos, marcando los puntos intermedios entre los solsticios y equinoccios.

El Encuentro de la Nueva Conciencia fue realizado en Brasil en Campina Grande (PB) y en diversos países de las Américas y de Europa, a través del Chamanismo sin Fronteras, movimiento que se desdobló en la construcción de la IAUSH (International Aliance of Universal Shamanism [Alianza Internacional de Chamanismo Universal]), alianza formada por los conductores y organizadores de los países que componen esta red de amistad y amor.

VIRADA MUSICAL CHAMÁNICA

El chamanismo utiliza canciones y sonidos para invocar espíritus guardianes y de cura, para intensificar la energía, alterar el estado de conciencia y proporcionar visiones. La melodía, el ritmo y las palabras establecen la comunicación con lo sagrado, liberando de forma espontánea la energía para curar y expandir la conciencia. En 2017 fue ideada la Virada Musical Xamânica (VMX), ambiente propicio que reúne practicantes y estudiosos del chamanismo con el objetivo de restablecer la conexión directa entre la naturaleza y la música, a través de un viaje musical con diversos ritmos e instrumentos, como crótalos y tambores, propiciando un vasto panorama de sonoridades curativas de varias tradiciones.

GLOSARIO

Alfa - Estado profundo de relajación.

Aliado Tótem - Animal de poder.

Alma - Principio vital. Aliento de vida de todo lo animal. El ego que se desarrolla a través de la evolución. El vínculo entre el Espíritu Divino del hombre y su personalidad inferior.

Amagat - Espíritu Protector de los Yacutes / Siberia.

Angakok - Viejo chamán, responsable de la iniciación de los futuros chamanes esquimales.

Anhanga - Dios de la caza. Venado blanco con los ojos de fuego, que protege os animales. Tupis (Brasil)

Anima - Alma.

Anima Mundi - Alma del Mundo. Es el principio que mantiene al mundo animado.

Arquetipo - Símbolo del inconsciente. Impresiones antiguas de la mente. Herencia de los patrones de comportamiento universal, contenidos en el inconsciente colectivo. Es a través del lenguaje arquetípico que las religiones, sectas, terapias, etc., establecen contacto.

Art-toion-aga - Divinidad siberiana que reside en las 9 esferas del Cielo. Se relaciona con el Sol.

Árbol del Mundo - Donde se establece la conexión entre el Cielo y la Tierra. Complementa al simbolismo de la Montaña mágica. Es el lugar en el que los Chamanes se ponen en contacto con las Tres Zonas Cósmicas.

Atman - Termino sanscrito. Espíritu Universal. Alma Suprema.

Aura - Esencia sutil que emana de todo lo que tiene vida.

Aumakua - Yo Superior - Kahunas.

Barca de los Espíritus - Conduce a las almas al más allá.

Beta - Estado ordinario de consciencia. Cuando las personas se encuentran en estado de vigilia y con la percepción del mundo ordinario.

Big Bang - Momento de origen del Universo, en el que fue creada toda la materia contenida en él.

Boitatá - Serpiente de fuego, protectora de los campos. Tupis (Brasil)

Boiúna - Serpiente de agua que devora a los que contaminan los ríos. Tupis (Brasil)

Bodhi - termino hindú que significa iluminación.

Bodhisattva - Aquel que alcanzó la conciencia de la inmortalidad, por medio de su participación voluntaria en el sufrimiento del mundo.

Brujo - Chamán en México.

Bügä Kami - Chamán en Mongolia.

Caipora - Defensor de la selva. Tupi (Brasil).

Camino Azul - Rumbos espirituales. (USA)

Camino Rojo - Rumbos físicos. (USA)

Camino Sagrado - Caminho de una vida equilibrada. De dar, recibir y honrar toda la Creación.

Carma o Karma - Ley de causa y efecto.

Centro del Mundo -. El Centro. Residencia del Árbol Cósmico y del Señor Universal. Relación entre el Cielo y la Tierra.

Chanunpa - Pipa o cachimbo Sagrado - Lakotas (USA).

Chi Ou Ki - Energía vital.

Consciencia - Reflexión psíquica del mundo psíquico.

Consciencia Cósmica - Ver Samadhi.

Danza de los Fantasmas - Religión que predica la regeneración universal, donde todos los indios, vivos y muertos, serán llamados para vivir en una "Tierra Regenerada".

Dharma - Orden legal y virtud moral. Dharma es el sentido del deber, el propósito de aceptar el deber y cumplirlo.

Dto Mba - Chamán en China.

Duas Pernas - Seres humanos. (USA)

Ego - El Centro de la Consciencia. Contiene nuestra vida, y la relación con el mundo. El reconocimiento del Yo separado de la madre y del mundo. Responsable de nuestra identidad personal, la percepción del cuerpo y de la existencia.

Eruncha - Espíritus de los hombres. Australia.

Esqueleto - Simboliza la Casa de las almas, inicio, muerte y renacimiento. Es el arquetipo del Chamán.

Estrella del Amanecer - Venus - Anpo Wie - (Nativos norteamericanos).

Éxtasis - A nivel religioso es la propia unión con Dios. La sensación de totalidad. Está acompañado de visiones deslumbrantes y la paz invade la existencia.

Fios Aka - Hilos que conducen la Fuerza Vital / Mana. (Kahunas)

Gaia - Madre Tierra. La Tierra como un organismo vivo.

Guaraci - El Sol · Tupis (Brasil).

Gran Dia de la Purificación - Periodo de purificación de la Tierra. Según el Calendario Maya es entre 1927 y 2011. Ciclo de cura de la Humanidad.

Gran Madre de los Animales - Entidad del chamanismo siberiano, responsable de los espíritus animales.

Gran Misterio - La Fuente original de la Creación. (USA)

Heyoka - El Payaso Sagrado. El acto contrario, el buen humor. Recuerda lo absurdo del comportamiento humano y es lo contrario al grito de guerra *Hoka-hey*. (Nativos norte americanos).

Hula Kapu - Danza sagrada de los Kahuna.

Iluminación - Consciencia Cósmica. Claridad interior.

Iara - Protectora de los peces. Tupis (Brasil).

Inconsciente colectivo - Contenido, arquetipos e imágenes que están en la memoria de la humanidad. Es la parte de la psique que retiene y transmite el conocimiento y las experiencias de la humanidad

Inconsciente personal - Imágenes olvidadas o eliminadas de la memoria, oriundas de la experiencia personal.

Invocación - Acto de pedir protección y poder valiéndose de formas/palabras.

Iruntarinia - Término utilizado por los hombres medicina de Australia para referirse a los espíritus.

Ina Maka - Madre Tierra. (USA)

Jaci - La Luna. (Tupis - Brasil)

Jurema - Entidad de Umbanda y Catimbó. Se identifica con Ossaim, del Candomble. Gobierna las hierbas mágicas. Es la Señora de las hojas.

Kahunas - Chamanes hawaianos. La palabra significa Guardianes de los secretos.

Kam - Correspondiente turco-tártaro de chamán.

Kino Aka - Cuerpo etérico. (Kahunas).

Kiva - Cámara ceremonial de los indios Hopi (USA). Dicha cámara es subterránea.

Kokopelli - Ser mítico tolteca que tocaba su flauta para dar fertilidad a la tierra. (USA)

Khubilgan - Animal o pájaro que protege al Chamán. Significa transformarse a sí mismo, asumir otra forma. (Siberia).

Kukulkán - Quetzálcoatl para los mayas. Corresponde a la kundalini.

Logos - Reino Divino.

Lugar de poder - Espacio que tiene alta concentración energética.

Mana - El Poder Divino. (Kahunas).

Maka - Nombre Lakota para la tierra o el suelo (USA).

Matita, Pereira - Hechicero vengador que se transforma en lechuza o en un viejo con una sola pierna. (Tupís - Brasil).

Maya - Término sánscrito para definir la ilusión, o la causa de esta.

Medicina, hombre - Correspondiente norteamericano a chamán.

Mitakuye Oyassin - Por todas nuestras relaciones. Mantra nativo norteamericano utilizado en sus rituales para honrar a nuestras relaciones con todo lo que existe. (Nativos norteamericanos).

Mitos - Historias sobre Divinidades. Son, según Campbell, metáforas del potencial del ser humano. Los mitos abren el mundo para la conciencia del misterio.

Moksha -Liberación, Nirvana.

Montaña Cósmica - Imagen simbólica del cosmos. El centro del mundo.

Mujer Búfalo Blanco - Divinidad de los nativos americanos que entregó los 7 ritos del cachimbo sagrado a los indios.

Mundo astral - Más allá del mundo físico. Puede ser alcanzado en estados alterados de conciencia. (Trance).

Nahual -Espíritu guardian, mundos paralelos, animal de poder.

Nirvana - (Ver Samadhi).

Pahu - Tambor utilizado en rituales Kahuna. De madera con piel de tiburón.

Pejuta - Medicina. (Nativos americanos).

Pejuta Wichasha - Chamán nativo norteamericano.

Pele - Diosa que habita el volcán Kilauea. (Kahunas).

Pilar del mundo - Se relaciona con el centro del mundo.

Puerta dorada - Lugar de iluminación y expansión de la conciencia. (USA).

Pueblo alado - Todas las criaturas que vuelan. Insectos pájaros y mamíferos.

Pueblo en pie. - . Los árboles (USA)

Pueblo Piedra - Las rocas, cristales, etc. (USA)

Pueblo pez - Todas las criaturas que viven en las aguas (USA)

Pow Pow - Unión de tribus norteamericanas en las que festejaban y compartían conocimientos, técnicas artesanales y de medicina, juegos, danzas, etc.

Psicodélico - Término que viene de psique, o mente manifestada.

Psiqué - La totalidad de los procesos psíquicos conscientes e inconscientes.

Cuatro piernas - Clasificación para todos los cuadrúpedos (USA)

Quamanec - Facultad mística mediante la que el maestro entra en contacto con el espíritu de la Luna. (Esquimales).

Quetzalcóatl - Dios de los pueblos aztecas y toltecas representado fue una serpiente emplumada (Kundalini).

Rastreadores /Creeping Crawlers -Criaturas que viven en agujeros en el suelo.

Rito de iniciación - Generalmente marcado por la muerte simbólica para un posterior renacimiento.

Rito de purificación - Acto de limpieza astral, esencial antes de la sesión chamánica.

Samadhi - Estado de conciencia expandida. Puede ser experimentado con el uso de las plantas de poder, hipnosis o prácticas meditativas. Es la Conciencia Cósmica, una experiencia mística o religiosa dónde nos encontramos con la Divinidad.

Satori - Ver samadhi (Japón)

Self - El conjunto de la personalidad. Es el principio unificado de la psique.

Shaman / Samán - Término tungue siberiano que dio origen a la palabra chamán.

Soma - La Luna. Se llama así también a la bebida sagrada de los hindús, utilizada para alcanzar el samadhi.

Sombra - Aspectos de nuestra personalidad que tememos o rechazamos y generalmente identificamos en los demás, sin darnos cuenta de que forma parte de nosotros mismos.

Sundance - Danza del Sol. Ritual de sacrificio en el que el practicante perfora sus músculos pectorales, traspasandolos mediante un bastón de sauce y atandolos a un árbol (USA).

Supra-Conciencia - Nivel supremo de Conciencia Cósmica.

Ti - Planta Sagrada de los Kahuna (Cordyline Terminalis)

Terapia Transpersonal - Especializada en estados alterados de conciencia. Trabaja con la Conciencia Cósmica.

Tonal - Aquello que se manifiesta en la materia. Lo que viene del ego.

Trance - Estado alterado de conciencia. Puede haber también incorporación mediúmnica.

Tupá - Divinidad primordial. Dueño del rayo y del trueno. (Tupis - Brasil)

Uhane - Yo medio. La mente racional. (Kahunas).

Unihipili - Yo básico. Subconsciente. (Kahunas).

Utcha - Espíritus de los antepasados. (Siberia).

Wakan - Santo, Sagrado. (Nativos norteamericanos).

Wakan Tanka - Gran Espíritu. Gran Misterio. (Nativos norteamericanos).

Ye-Kyla - Animal madre. (Yacutes - Siberia).

BIBLIOGRAFÍA

Abraham, Ralph; Mckenna, Terence; Sheldrake, Rupert. *Caos, criatividade e o retomo do sagrado*. São Paulo: Cultrix-Pensamento, 1992.

Achterberg, Jeanne. *Imágenes que curan*. Córdoba: Editorial Cántico, 2023.

Adoum, Jorge (Mago Jefa). *Rasgando véus: Iniciação ao mundo interior segundo o apocalipse de São João*. São Paulo: Pensamento, 1993.

Alverga, Alex Polari de. *O guia da floresta*. Rio de Janeiro: Nova Era, 1992.

Atwood, Mary Dean. *Spirit Healing: How to Make Your Life Work*. Nueva York: Sterling Ethos, 2017.

Barrett, Francis. *Magus*. Rio de Janeiro: Mercuryo, 1994.

Bear, Sun; Wind, Wabun Marlise. *The Medicine Wheel*. Fireside Book, 1980.

Blavatsky, Helena P. *Síntesis de la Doctrina Secreta*. (Introducción, traducción y selección de textos de Cordélia Alvarenga de Figueiredo). São Paulo: Pensamento, 1992.

Campbell, Joseph. *As máscaras de Deus: Mitologia Oriental*. São Paulo: Palas Athena, 1992

Caran, Maly. *Erva Viva: apostila*. Edição do autor.

Carey, Ken. *O retomo das tribos-pássaro*. São Paulo: Cultrix-Pensamento, 1988.

Dolfyn; Wolf, Swimming. *Shamanic Wisdom II*. Earthspirit, 1993.

Eliade, Mircea. *El Chamanismo y las Técnicas Arcaicas del Éxtasis*. México: Fondo de Cultura Económica, 1986.

Freitas, Byron Tôrres de; Freitas, Vladimir Cardoso de. *Os Orixás e o Candomblé*. Eco, 1967.

Gill, Sam D.; Sullivan, Irene F. *Dictionary of Native American Mithology*. Oxford: Oxford University Press, 1992.

Harner, Michael. *O caminho do xamã*. São Paulo: Cultrix, 1982.

Hausman, Gerald. *Meditations with Animais: a Native American Bestiary*. Santa Fe: Bear&Company, 1986

Kalweit, Holger. *Ensoñación y Espacio Interior: El Mundo del Chamán*. Libro Guia, 1992.

Levi, Carminha; Machado, Alvaro. *A sabedoria dos animais: Viagens xamânicas e mitologias*. São Paulo: Opera Prima (Ground Editorial), 1995.

Lévi, Éliphas. *Dogma e ritual da alta magia*. São Paulo: Pensamento, 1993.

Loibl, Elizabeth. *Deuses animais*. São Paulo: Círculo do Livro, 1992.

Long, Max Freedom. *Cartas sobre a psicologia Huna*.

Meadows, Kenneth. *The Medicine Way*. Long mead - Shaftesbury - Dorset Element Books, 1990.

Mercier, Mario. *Iniciação ao xamanismo e à magia natural*. São Paulo: Cultrix-Pensamento, 1993.

Montal, Alix de. *O xamanismo*. São Paulo: Martins Fontes, 1986.

Negro, Alce; Brown, J.E. *La Pipa Sagrada: Siete ritos secretos de los indios sioux*. Taurus, 1980.

Rutherford, Ward. *Chamanismo: Los fundamentos de la magia*. Madrid: Editorial EDAF, S. A. 1989.

Sams, Jamie; Carson, David. *Medicine Cards*. Santa Fe, Bear&Company, 1988.

Sams, Jamie. *The Sacred Path Cards*. São Francisco: HarperCollins, 1990.

Sangirardi JR. *O índio e as plantas alucinógenas*. Rio de Janeiro: Ediouro, 1989.

Silva, Vagner Gonçalves da. *Candomblé e Umbanda: Caminhos da devoção brasileira*. Cidade: Ativa, 1994.

Stevens, Jose; Stevens, Lena S. *Os segredos do xamanismo*. Rio de Janeiro: Objetiva, 1988.

Timms, Moira. *Além das profecias e previsões*. Rio de Janeiro: BestSeller, 1994.

Varela, Marisa. *Iniciação inka*. Rio de Janeiro: Nova Fronteira, 1993.

Weor, Samael Aun. *Tratado esotérico de endocrinologia*. São Paulo: Sol Nascente, 1985.

ÍNDICE